I0234447

Fürs Leben gelernt – Die berufsbildende Waldorfschule

Kulturwissenschaftliche Beiträge

der Alanus Hochschule für Kunst und Gesellschaft

Herausgegeben von der
Alanus Hochschule für Kunst und Gesellschaft,
Marcelo da Veiga

Band 15

PETER LANG

Klaus-Peter Freitag / Wilfried Gabriel /
Jürgen Peters (Hrsg.)

Fürs Leben gelernt – Die berufsbildende Waldorfschule

PETER LANG

Bibliografische Information der Deutschen Nationalbibliothek
Die Deutsche Nationalbibliothek verzeichnet diese Publikation in der Deutschen Nationalbibliografie; detaillierte bibliografische Daten sind im Internet über http://dnb.d-nb.de abrufbar.

Die Publikation wurde vom Bund der Freien Waldorfschulen e. V. gefördert.

Umschlagabbildung: © Wilfried Gabriel
Schaubild „Dynamischer Bildungsbegriff"

Gedruckt auf alterungsbeständigem, säurefreiem Papier.
Druck und Bindung: CPI books GmbH, Leck

ISSN 1861-4531
ISBN 978-3-631-82910-3 (Print)
E-ISBN 978-3-631-83505-0 (E-PDF)
E-ISBN 978-3-631-83506-7 (EPUB)
E-ISBN 978-3-631-83507-4 (MOBI)
DOI 10.3726/b17570

Peter Lang – Berlin · Bern · Bruxelles · New York ·
Oxford · Warszawa · Wien

Diese Publikation wurde begutachtet.

www.peterlang.com

Inhalt

Vorwort

„Lernen und Arbeiten“: Die Aktualität der berufsbildenden Waldorfschule …

Peter Schneider

…. zeigt sich gerade in Deutschland besonders deutlich: Denn unser Schul- und Bildungswesen zerfällt nach wie vor in ein gymnasiales und in ein berufsbezogenes Lernsystem, die je eine ganz unterschiedliche pädagogische Prägung, ganz unterschiedliche gesellschaftliche Bewertung haben und von ganz bestimmten gesellschaftlichen Gruppen und Schichten absolviert werden. Und das, zum wiederholten Mal, in eine tiefe Krise geraten ist („Akademisierungswahn“). Die traditionelle Waldorfschule kommt als Alternative zum sogenannten weiterführenden (gymnasialen) Schulwesen nur den ihm zugeordneten Teil der Bevölkerung zugute. Die **berufsbildende Waldorfschule** knüpft an den ursprünglichen **volkspädagogischen Impuls Rudolf Steiners** an: **Berufsbildung als allgemeine Menschenbildung**. Denn das größte Defizit der Entwicklung des gesellschaftlichen Bildungswesens der letzten 400 Jahre ist das Herausfallen der praktischen Arbeit und des Berufes aus dem Zusammenhang allgemeiner Menschenbildung („Allgemeinbildung“). Mit dem Aufkommen der modernen Technik, der „zweiten Schöpfung“, entsteht die Notwendigkeit einer neuen Allgemeinbildung und einer neuen sozialen Ordnung als Grundlage einer technischen Kultur. Bekannt ist die These von Rudolf Steiners Zeitgenossen Georg Kerschensteiner: „Die Berufsbildung steht an der Pforte zur Menschenbildung“.

Dazu ist es notwendig, die Bedeutung der (beruflichen) Arbeit als zentrale vertikale und horizontale Resonanzachse (H. Rosa) und damit ihre individuelle und gesellschaftliche Wertigkeit für den modernen wie auch spätmodernen Menschen zunächst zu thematisieren und zu begründen. Wenn Beruf und Arbeit diese Bedeutung im Leben haben, muss eine Schule, die auf das Leben vorbereitet, **exemplarisch** dafür bilden. Diese Aufgabe wird umso wichtiger, weil durch die künftige Digitalisierung der Arbeitswelt die Kluft zwischen der digitalen Allmacht des Fingerdrucks und der existenziellen Ohnmacht der Selbsterfahrung/Selbstwirksamkeit immer größer wird – gefordert ist deshalb pädagogisch ein neuer Zugang zur persönlichen Verantwortung und zur Welt, als neue berufliche Bildung.

Die berufsbildende Waldorfschule geht dabei den Weg einer personalen Berufsausbildung (Gabriel 1985). Damit soll es dem Heranwachsenden ermöglicht werden, die schöpferische Produktivität seiner eigenen Intelligenz und die Fähigkeit seines eigenen Handelns zu entdecken und zu entwickeln, um dann mit „intelligenten“ Maschinen, mit „künstlicher“ Intelligenz umgehen zu können und sie in den Dienst des Menschen und seiner Umwelt zu stellen. Die Autoren konkretisieren vor diesem Hintergrund Rudolf Steiners Forderung, Lernen und Arbeiten zum didaktischen Zentrum der Waldorfschule zu machen bis hin zu einer **exemplarischen** Berufs-Qualifikation, als berufliche Lernkompetenz. Dabei ist ihnen deutlich, dass eigentlich für Berufe ausgebildet wird, die es noch gar nicht gibt und von denen noch nicht gewusst wird, wie sie aussehen. Durch einen „dynamischen Bildungsbegriff“ (s. Beitrag Gabriel) wird schließlich die Dimension der Freiheit mit einer Erziehung zur Arbeit verbunden. Und dass die Berufswahl aus Freiheit, also aus der „Einsicht in die Notwendigkeit“ (Hegel) heraus geschehen soll, indem man „berufen wird durch den objektiven Werdegang der Welt ... durch das, was den Menschen abfordert, was den Menschen ruft“ (Rudolf Steiner, 12.11.1916). Damit sind die Grundlagen gelegt, den aus dem deutschen Idealismus stammenden und revolutionären Begriff der „Allgemeinbildung“ (Wilhelm von Humboldt) um die Dimension von Arbeit und Freiheit zu erweitern. In der empirischen Nachverfolgung ihrer Ehemaligen wird diese Zielsetzung, auch nach Jahrzehnten, voll bestätigt. (s. Beitrag Peters).

Die Autoren zeigen weiter, dass die Entwicklung der berufsbildenden Waldorfschule, exemplarisch am BLK-Modellversuch der Hiberniaschule zur Integration beruflicher und allgemeiner Bildung (Rist/Schneider 1977) immer in stimulierender Korrespondenz mit den Fragestellungen der Gesellschaft geschah und mit Blickrichtung darauf, dass sie in ein allgemeines Schul- und Ausbildungswesen zu übertragen wäre. Auf dieser Grundlage und im Kontext des Bildungskongresses 2018 (Freitag/Gabriel/Kieser) hat sich die Hiberniaschule auch zu einem neuen Modellversuch entschlossen (Freitag/Gabriel 2020). Denn eine Pädagogik, die den Anforderungen der Gegenwart entsprechen will – und das ist das Kernanliegen der (berufsbildenden) Waldorfschule – kann nicht für eine bestimmte soziale Schicht oder weltanschauliche Gruppe geplant werden. Diese Pädagogik will den wissenschaftlichen und sozialen Wandel unserer Zeit voll einbeziehen, sie will nicht das bessere „Gestern“ im „Morgen“, sondern eine Voraussetzung dafür schaffen, dass sich Menschen frei entwickeln können und in ihrer Entwicklung die Bedingungen der Arbeitswelt verändern lernen und eine „Kultur der Freiheit“ schaffen.

Damit wird auch gezeigt, dass aus der kritischen Besinnung auf den pädagogischen Impuls Rudolf Steiners sich die Lebendigkeit der Waldorfschule nicht nur in immer neuer Vergrößerung zeigt, sondern dass sie auch die Kraft hat, sich selber fortzubilden und die Aufgaben der kommenden Zeit zu erkennen. In den 100 Jahren seit ihrer Gründung als Betriebsschule der Waldorf-Astoria-Zigarettenfabrik konnte manches nicht verwirklicht werden, jedem Entwicklungsprozess ist dieses Zurückbleiben gegenüber der impulsierenden

Idee eigen. Deshalb hat das in diesem Buch Dargestellte und Konkretisierte exemplarische Bedeutung und wendet sich an alle, die sich für unser Schul- und Bildungswesen verantwortlich fühlen. Im Rahmen einer pädagogischen „Entwicklungswerkstatt“ und des neuen Modellversuches der Hiberniaschule wird eingeladen zur Mitarbeit an einer Pädagogik der Arbeit und einer Gesellschaft der Freiheit.

Aus aktuellem Anlass die folgende Anmerkungen über das Verhältnis von Freiheit und Gesellschaft: Die Waldorfschule ist eine „Freie“ Schule und auf eine freie Gesellschaft gerichtet. In einer freien Gesellschaft sind Entwicklungen und Veränderungen nur berechtigt, wenn sie von den Betroffenen selbst herbeigeführt werden, wirkliche Freiheit kann sich nur in Menschen und zwischen Menschen verwirklichen. Die friedliche Revolution 1989 in Deutschland, eine Sternstunde der deutschen Geschichte, hat dafür ein Beispiel gegeben. In einer Gesellschaft, die sich auf allen Gebieten so sehr in Entwicklung befindet wie die unsere, muss sich Schule selbst so gestalten können, dass sie in ihrer eigenen Entwicklung die kommende Entwicklung impulsierend vorwegnehmen kann. Es soll erfahren und gestaltet werden, was die nachfolgenden jungen Menschen uns als neue Impulse und Möglichkeiten entgegen tragen – und dafür soll ihnen durch „Lernen und Arbeiten“ und in einer Selbstverwaltung als „Organisation der Freiheit“ (Bauer 2006) ein geeignetes Übungsfeld gegeben werden. Die Schule ist der Ort, an dem sich das vorbereitet und hier fällt die Entscheidung, ob es gelingt, ein neues Denken und Handeln in die Gesellschaft einzupflanzen. Wenn immer wieder erlebt wird, dass die Erneuerungskräfte der jungen Generation sich nicht fruchtbar und entwicklungsfördernd in die Gesellschaft einbringen können, sondern sich in äußeren Protesten und bloßen Demonstrationen ausleben, dann ist das eine bedrückende Anklage gegen ein freies und der Gesellschaft Impulse gebendes Schul- und Bildungswesen. Deshalb kann gerade die berufsbildende Waldorfschule ein Modell und Übungsfeld für etwas wirklich Neues sein, eine Entwicklungswerkstatt der Zukunft, in der jungen Menschen sich „bilden“ und als verjüngende Kraft in einer alternden Gesellschaft schöpferisch werden können.

Literatur:

Horst Philipp Bauer: Zur Ethik selbstverwaltete Organisationen – Anspruch und Realität von Schulen und Einrichtungen in freier Trägerschaft. In: Horst Philipp Bauer/Peter Schneider (Hrsg.): Waldorfpädagogik. Perspektiven eines wissenschaftlichen Dialoges. Peter Lang, Frankfurt a.M. 2006.

Klaus-Peter Freitag, Wilfried Gabriel, Tilman Kieser (Hrsg.): Lernend arbeiten – arbeitend Lernen. Die Bildungsidee der Waldorfschule. Dokumentation: Bildungskongress Januar 2018.

Wilfried Gabriel: Personale Pädagogik in der Informationsgesellschaft. Berufliche Bildung, Selbstbildung und Selbstorganisation in der Pädagogik Rudolf Steiners. 1985.

Georg Rist, Peter Schneider: Die Hiberniaschule. von der Lehrwerkstatt zur Gesamtschule: Eine Waldorfschule integriert berufliches und allgemeines Lernen. 1977.

Hartmut Rosa: In der Arbeit finden wir die Welt. NZZ, 16.9.2019.

Teil I:
Lernen und Arbeiten: Die berufsbildende Waldorfschule als rollende Reform

Klaus-Peter Freitag, Wilfried Gabriel

1.1 Die aktuellen Herausforderungen unseres Bildungssystems

Die Bildungsagenda der UNESCO[1] hat sich in ihrem Aktionsplan eine Vision auf die Fahne geschrieben: „Bis 2030 für alle Menschen inklusive, chancengerechte und hochwertige Bildung sicherzustellen sowie Möglichkeiten zum lebenslangen Lernen fördern“. In deutlicher Abgrenzung zu Lernstandserhebungen (z. B. PISA), die ausschließlich auf quantitativ messbare Lernerfolge und ihre ökonomische Verwertbarkeit zielen, wird dabei ein ganzheitliches Verständnis von Bildung favorisiert. In den Mittelpunkt stellt die Agenda die Entwicklung der individuellen Persönlichkeit durch einen ganzheitlichen Bildungsbegriff, der neben kognitiven Aspekten von Bildung ästhetische, soziale, emotionale und praktische Fähigkeiten integrieren möchte.

Diese ehrgeizigen Ziele setzen dabei auf die transformative Kraft von Bildung, um individuelle und gesellschaftliche Veränderungen im Sinne einer nachhaltigen Entwicklung und Politik zu gestalten. Auf der Basis gemeinsamer Werte wie Freiheit und Menschenwürde, Frieden und soziale Gerechtigkeit soll die Agenda in die jeweilige Bildungspolitik der Mitgliedstaaten integriert und damit nachhaltig umgesetzt werden. Die strategischen Handlungsempfehlungen für Deutschland sehen vor, dass der Aktionsrahmen im bildungspolitischen Kontext von Bund und Ländern anzupassen ist und in ein jeweils stimmiges Gesamtkonzept gefügt werden soll.

Gefragt sind pädagogische Ansätze und Konzepte, die in der Entwicklung des Menschen Fähigkeiten fördern, die für sein persönliches, soziales und ökonomisches Wohlergehen in immer komplexer werdenden Gesellschaftssystemen wesentlich sind.

Dieser bildungspolitische Referenzrahmen ist hier als Hintergrundfolie für die Diskussionen um die Probleme und Zukunftsaufgaben unseres Bildungssystems zu sehen. Die Ergebnisse des aktuellen Bildungsberichtes, wie des Berufsbildungsberichtes des BMBF[2] zeigen, dass hier noch einige Anstrengungen unternommen werden müssen, um diese Ziele zu erreichen. Von den enormen Herausforderungen der nächsten Jahre seien hier die folgenden besonders hervorgehoben:

1 UNESCO. Bildungsagenda 2030.

2 BMBF 2018: Bildung in Deutschland 2018 und Friedrichs Berufsbildungsbericht 2019.

Struktur- und Reformprobleme zwischen allgemeiner und beruflicher Bildung

Der Trend zu höherer Bildung ist anhaltend. Immer mehr Schulabsolventen streben an die Hochschulen, wobei die Abbrecherquoten im ersten Studienjahr seit mehreren Jahren zum Teil auf hohem Niveau bei über 30 % liegen. Während hier ein problematischer Überhang an Akademikern („Akademisierungswahn"[3]) prognostiziert wird, verzeichnet das berufliche Bildungssystem sinkende Ausbildungsquoten mit dem entsprechenden Handwerker- und Facharbeitermangel als Folge. Gesucht werden Konzepte und Beispiele, die die strukturelle und historisch gewachsene Abschottung („Bildungs-Schisma"[4]) überbrücken und Ansätze zu bereichsübergreifenden Reformen aufzeigen können. Damit ist untrennbar die Frage verbunden, wie demokratieverträgliche Bildungsangebote zu konzipieren sind, die eine Kultur der Anerkennung und gleicher Wertschätzung von unterschiedlichen Begabungen und Interessen veranlagt.

Studien- und Berufsorientierung

Trotz verbesserter Rahmenbedingungen und institutionellen Angeboten (Berufswahlvorbereitung, Potenzialanalyse usw.) sind viele Jugendliche zunehmend verunsichert im Übergangsraum von Schule und Berufswahl[5], bzw. bezüglich weiterführender Bildungsangebote. Sie sehen sich einem gewachsenen Umfang von Anschlussoptionen, vielen verschiedenen Ausbildungsmöglichkeiten, einer enorm ausdifferenzierten Anzahl von Studienrichtungen und weiteren unübersichtlichen Angeboten des Übergangsbereichs gegenüber. Eine verstärkte, rein „informelle Studien- und Berufsorientierung" und einzelne Betriebspraktika in Schulen etc. sind den Jugendlichen in ihrer Entscheidungsfindung nur teilweise eine Hilfe. Zweifel am Wert der eigenen Fähigkeiten, an Selbst- und Fremdeinschätzungen, Befürchtungen vor fehlender Anerkennung und Zukunftsängste werden nicht nur von Jugendlichen aus niedrigen, sondern gleichermaßen von solchen aus mittleren wie gymnasialen Bildungsgängen geteilt. Damit gehen Trends einher, wie der Suche nach Schularten, die mehrere Abschlussoptionen eröffnen oder dass zunehmend Jugendliche nach dem Prinzip einer gesicherten Plattform erst eine Berufsausbildung und dann ein Studium anstreben, oder beides miteinander zu verbinden suchen.

---

3 Nida-Rümelin 2014 und Nida-Rümelin und Zierer 2015.

4 Baethge 2017b: Die Abschottung zwischen allgemeiner und beruflicher Bildung in Deutschland.

5 Vgl. hierzu z. B. die aktuellen Forschungen des Deutschen Jugendinstituts: www.dji.de.

Gefragt sind Konzepte einer „praktischen Studien- und Berufsorientierung“, die dazu beitragen, dass junge Menschen gut in einen Beruf finden.

Bildungsgerechtigkeit und Durchlässigkeit

Trotz immer erneuerter bildungspolitischer Reformansätze kommt eine große Anzahl von Personen mit dem Trend zur steigenden Bildungsbeteiligung nicht mit. Die Disparitäten zwischen Bildungsbenachteiligten und der Leistungsspitze halten an. Mit einer gewissen normativen Kraft des Faktischen setzen sich Wertesysteme nach wie vor über die Herkunft, verbunden mit sozioökonomischen und migrationsbezogenen Problemlagen, durch. So ist die Bildungsherkunft nach wie vor entscheidend für die Beteiligung an der Hochschulbildung. Seit zwei Dekaden ist der Anteil der Jugendlichen aus Familien, in denen ein Elternteil oder beide einen Hochschulabschluss haben dreimal so hoch, wie bei Jugendlichen, deren Eltern eine berufliche Ausbildung haben. Damit korrespondiert, trotz vielfältiger administrativer Lockerungen, die immer noch geringe Durchlässigkeit von allgemeiner und beruflicher Bildung, von der Berufsbildung in die Hochschule.[6] Gesucht sind hier Konzepte einer Integration von beruflicher und allgemeiner Bildung, die Jugendlichen eine Entwicklung und Ausschöpfung aller ihrer Potenziale ermöglichen und damit in die Lage versetzen, auch in schwierigen Situationen ihr Leben zu meistern.

Digitalisierung

Die einzelnen Problemlagen werden durch die Herausforderungen der Digitalisierung fokussiert und überlagert. Der „digitale Bildungspakt“ und die „Berufsbildung 4.0“ der Bundesregierung liefern die Rahmenbedingungen, die den Transformationsprozess in die digitale Zukunft sicherstellen sollen. Fragen bestehen allerdings in der konkreten Umsetzung vor Ort. Empirische Studien und Erfahrungen laufen dem Tempo der sich ständig weiter entwickelnden und erneuernden Technologien hinterher. Unklar ist, welche jeweiligen Kompetenzen vor dem Umgang und welche im Umgang mit digitalen Instrumenten und Maschinen erworben werden müssen, um eine mündige und qualifizierte Handhabung zu ermöglichen. Konsens besteht darüber, dass tradierte Formen der Wissensvermittlung in einigen Bereichen zurückgehen, während allgemeine Fähigkeiten wie Kreativität, Kommunikation, Kooperation und kritisches Denken (4-K) immer bedeutender werden.[7]

---

6 Baethge 2017a: Alte und neue soziale Ungerechtigkeiten in der Beruflichen Bildung.

7 BMBF: Digitalisierung gestalten 2019.

1.2 Lernen und Arbeiten: Fragestellungen

Die Bewältigung dieser Herausforderungen ist mit strukturellen Problemen unseres Bildungswesens verknüpft. Dies zeigen gegenwärtig ebenfalls die ernüchternden Ergebnisse der aktuellen PISA-Studie[8]. Zwar scheint der PISA-Schock von 2000 überwunden, aber sie bescheinigen den deutschen Schulen nach wie vor nur ein Mittelmaß im Vergleich der OECD-Länder. Besonders problematisch und augenfällig sind die Leistungsunterschiede in Abhängigkeit zum sozioökonomischen Hintergrund der Schülerinnen und Schüler. Die Studie bestätigt somit die Analysen der aktuellen Bildungsberichte: Die privilegierteren Schülerinnen und Schüler haben in Deutschland deutliche Leistungsvorsprünge gegenüber sozialökonomisch benachteiligten Schülerinnen und Schülern. Und diese Differenz wird im Vergleich zu Vorjahren im OECD-Durchschnitt noch größer. Im deutschen Bildungssystem hängen die Bildungs- und Aufstiegschancen junger Menschen damit beschämend deutlich von ihrer sozialen Herkunft ab. Nach wie vor scheint sich an diesem Trend seit Jahrzehnten nicht viel zu ändern. Der Grund hierfür wird u. a. in der frühen Selektion durch die Grundschule und die anschließende Aufteilung in verschiedene Schultypen gesehen, die zu einer Konzentration von leistungsstarken und leistungsschwachen Schülerinnen und Schülern an jeweils unterschiedlichen Schulen führt. Die immer noch mangelnde Durchlässigkeit und das Fehlen einer koordinierten Integration von beruflicher und allgemeiner Bildung führen dann zu Bildungsverläufen, die viel zu früh vorgeprägt sind.

Fragen nach einer Integration beruflicher und allgemeiner Bildung und der Aufhebung einer zu frühen Selektion – zugunsten einer begabungsorientierten Differenzierung – verweisen somit auf Schlüsselprobleme unseres Bildungssystems, die sowohl mit einer bildungsgerechten Entwicklung von Jugendlichen wie einer internationalen Wettbewerbsfähigkeit zusammenhängen. Denn eine Gesellschaft, die durch ihr Bildungssystem die Entfaltung von Potenzialen junger Menschen beschränkt, beschränkt dadurch ihre eigene Innovationsfähigkeit.

Konkretisiert man diese Herausforderungen auf die Ebene von Schulmodellen, so ergeben sich hieraus aktuelle Fragestellungen für Modellvorhaben, die entsprechende Reformansätze liefern können:

Wie lassen sich Bildungsverläufe in Schulen so gestalten, dass an deren Beginn die Entwicklungsbedingungen von Kindern und Jugendlichen weitgehend berücksichtigt werden, während am Ende die Anforderungen der Gesellschaft stehen? Zielen am Anfang vielseitige Bildungsangebote auf die langfristige Entfaltung von individuellen Begabungen, so müssten beim

8 PISA-Studie – Organisation for Economic Co-operation and Development 2019 http://www.oecd.org/berlin/themen/pisa-studie/.

Verlassen der Einrichtung berufliche Qualifizierungsmöglichkeiten für Tätigkeitsfelder in unserer komplexen und schnelllebigen Arbeitswelt absolviert werden. Dabei sollte keiner verloren gehen und unterwegs eine sinnvolle Perspektive finden.

Organisatorisch gefragt: Wie kann berufliche und allgemeine Bildung so integriert werden, dass bei voller Wahrung der Eigenqualität beider Bereiche eine neue Qualität des Lernens entsteht, die auf eine umfassende Entfaltung möglichst aller Begabungspotenziale von Kindern und Jugendlichen zielt?

Im Hinblick auf eine Lebensorientierung: Mit welchen Methoden und Formen pädagogischer Kooperation kann Jugendlichen auf der Basis einer praktischen, weil durch eigene Erfahrungen gesättigten „Studien- und Berufsorientierung" bei ihrem Entscheidungs- und Berufswahlprozess im Übergangsraum (i. d. R. Kl. 8–11) geholfen werden?

Bezogen auf mehr Chancengleichheit: Wie lässt sich in der Unter- und Mittelstufe, bzw. Sek 1 Bereich mit einem ganzheitlichen Ansatz ein vielfältiges Bildungsangebot didaktisch so koordinieren, dass es die Schüler so weit wie möglich gemeinsam anspricht und sie dennoch je speziellen Lernzielen (Abschlüssen) zuführt?

Und mit Blick auf die Digitalisierung: Wie können durch eine methodisch-didaktische Schrittfolge in diesem Kontext Kompetenzen vermittelt werden, die zu einem gleichermaßen kreativen, effizienten, wie verantwortungsbewussten Umgang mit der Digitalisierung führen? Welche Fähigkeiten für ein entsprechendes Handeln in spezifischen digitalisierten Arbeitsfeldern müssen entwickelt werden? Wie wirkt sich insbesondere das künstlerisch-kreative Tun im Rahmen eines ganzheitlichen Ansatzes auf die Lernprozesse im Umgang mit digitalen Technologien aus?

In den Waldorfschulen, insbesondere den berufsbildenden Waldorfschulen, deren grundlegende Bildungsidee in der Verbindung von Lernen und Arbeiten besteht, liegen jahrzehntelange, wissenschaftlich gesicherte Erfahrungen vor, die Anstöße zur Weiterentwicklung des Bildungssystems hinsichtlich dieser Fragestellungen liefern können. Dies soll im Weiteren verdeutlicht werden.

Mit Blick auf eine Übertragbarkeit kann hier geprüft werden, wie man den berufsbezogenen Lernweg und den studienbezogenen Lernweg so miteinander verbinden kann, dass Berufsqualifikation und Studienqualifikation in eins vermittelt werden können, und ob durch diese Integration eine neue Qualität des Lernens erreicht wird.

Im Fokus der weiteren Darstellungen steht dabei insbesondere die Hiberniaschule[9] in Wanne-Eickel, die als langjährige Modellversuchsschule in den siebziger Jahren und als Gesamtschule eigener Art in besonderer Weise berufliche und allgemeine Bildung integriert hat.

9 Fintelmann 1991 Hibernia. Modell einer anderen Schule.

Zwar ist sie bis heute aufgrund historischer und rechtlicher Bedingungen ein Unikat geblieben, hat aber nichts von ihrer Aktualität eingebüßt. Dies zeigt sich u. a. im Folgenden durch die Darstellung der Essenzen des damaligen BLK-Modellversuchs in Korrespondenz mit den heutigen Ergebnissen der Ehemaligenbefragung der Hiberniaschule: Absolventen des damaligen Modellversuchsjahrganges wurden im Rahmen einer empirischen Bildungsforschung befragt und nach fast 40 Jahren nachbefragt. Da hier in besonderer Weise gesicherte wissenschaftliche Erkenntnisse vorliegen, kann an der Hiberniaschule exemplarisch verdeutlicht werden, welche konkreten Ansatzpunkte die berufsbildenden Waldorfschulen zur aktuellen Bildungsdiskussion liefern können: Das traditionelle „Duale System" kann zu einem ganzheitlichen beruflichen Bildungsweg weiterentwickelt werden. Dazu müssen die Erfahrungen unter veränderten bildungspolitischen und gesellschaftlichen Rahmenbedingungen aufgearbeitet und die bestehenden Konzepte im Hinblick auf eine Modernisierung des Bildungssystems aktualisiert werden.[10]

1.3 Die berufsbildende Waldorfschule und ihr Ursprungsimpuls

Die erste Waldorfschule wurde im Jahr 1919 von Rudolf Steiner und Emil Molt, dem damaligen Direktor der Waldorf-Astoria-Zigarettenfabrik in Stuttgart, für die Arbeiter und Angestellten dieser Fabrik als Betriebsschule gegründet. Sie entstand in einer Stadt mit moderner technischer Industrie und als Teil eines gesellschaftlichen Reformimpulses („Dreigliederung des sozialen Organismus"), der zukunftsweisende Antworten auf die Katastrophe des Ersten Weltkrieges suchte[11] (Siehe: Teil III).

Mit Blick auf eine Neuausrichtung der damaligen Gesellschaft bezeichnete Steiner 1919 „… die Erziehungsfrage als die eigentliche soziale Frage unserer Zeit". Mit der ihm eigenen Art Probleme zu zuspitzen, fasst er seinen pädagogischen Leitbegriff und „… das soziale Rätsel unserer Zeit in zwei Worte zusammen: Lerne und Arbeite!". Für die Schülerinnen und Schüler seiner Schule formuliert er die „neue Devise" mit dem Mantra: „Ich will lernend arbeiten! Ich will arbeitend lernen!"[12] In der Verbindung von Lernen und Arbeiten sah er das Konzept einer allgemeinen Menschenbildung, die auf die Entwicklung einer freien und gesellschaftlich mündigen Persönlichkeit zielt. Auf der Basis eines ganzheitlichen Bildungsverständnisses entstand das Konzept einer „Einheitsschule", die in den Klassen 1–8 für alle eine allseitige

10 Freitag, K.-P./Gabriel, W./Kieser, T. (Hrsg.) 2018: Lernend arbeiten – arbeitend Lernen.

11 Zum Kontext und den pädagogischen Grundlagen siehe ausführlicher Teil III.

12 Steiner 1991a S. 199 (3.8.1919).

Entwicklung – ohne Leistungsdruck, Sitzenbleiben und Noten – je nach den individuellen Möglichkeiten und Bedürfnissen veranlagt („Der Lehrplan ist das Kind!"). Auf dem weiteren Weg „vom Spiel zur Arbeit"[13]dachte Steiner in der Oberstufe an eine Art „praktisch-gymnasiale Einheitsschule" in der die Schüler als zeitgemäße „Lebenskunde" eine praktisch-berufliche Grundbildung erhalten sollten.

Bedingt durch die bildungspolitischen Entwicklungen der damaligen Zeit konnte diese „Einheitsschule der Zukunft" in der Weiterentwicklung der Waldorf-Oberstufe nicht verwirklicht werden. Grundlegende Reformideen wurden durch den „Weimarer Schulkompromiss" von 1919 blockiert, der das damalige selektierende Bildungswesen zementierte, von Steiner und vielen Bildungsreformern seiner Zeit problematisiert und abgelehnt, in seiner Nachwirkung jedoch bis heute spürbar.

Nach der Unterbrechung durch die Zeit des Nationalsozialismus entwickelte sich aus diesem Ursprungsimpuls und dem pädagogischen Wurf der ersten Waldorfschule dann in ungebrochener Vitalität bis heute erfolgreich eine globale pädagogische Reformbewegung mit inzwischen weltweit über 1100 Waldorfschulen.

In ihrer Oberstufe insbesondere in Deutschland ist die Waldorfschule allerdings überwiegend „gymnasial" ausgerichtet geblieben. Das praktische Lernen als Teil einer ganzheitlichen Bildung zu begreifen gehört zwar zum Selbstverständnis der Waldorfpädagogik, doch nur einige Waldorfschulen konnten dies in der Oberstufe bis zu einer beruflichen Qualifizierung weiter ausbauen. Berufliche Bildung als Teil einer neuen Allgemeinbildung zu verstehen und an einer Schule zu implementieren, erfordert eine permanente Reformbereitschaft und einen entsprechenden konzeptionellen und organisatorischen Aufwand. Denn die Entwicklungszyklen des klassischen allgemeinbildenden Bereichs und der beruflichen Bildung laufen in unterschiedlichem Takt, ist Letzterer doch durch schnelle technische und wirtschaftliche Veränderungen immer aufs Neue herausgefordert.

Die berufsbildenden Waldorfschulen jedoch, die ihren Ursprungsimpuls in der Verbindung von Lernen und Arbeiten bis in die Oberstufe zu beruflichen Abschlussmöglichkeiten weitergeführt und zeitgemäß aktualisiert haben, haben hier erfolgreiche und innovative Konzepte entwickelt. Im Hinblick auf die gegenwärtigen Herausforderungen unseres Bildungssystems haben sie wertvolle Erfahrungen und gesicherte Erkenntnisse gesammelt, die in die aktuelle Diskussion eingebracht werden können.

---

13 Steiner 1991b S. 73: „Und kann man praktisch die große Frage beantworten: Wie wird das Spielen in Arbeiten umgewandelt? Dann beantwortet man eigentlich die Grundfrage der Volksschulerziehung" (18.04.1923).

1.3.1 Die berufsbildenden Waldorfschulen und ihre unterschiedlichen Ansätze

Eine Reihe von Waldorfschulen knüpfen an ihren „Ursprungsimpuls“ und bildungspolitischen Entwicklungsauftrag an und versuchten ihn zeitgemäß zu aktualisieren und fortzusetzen. Es stellen sich dabei u. a. Fragen, wie sich heute eine „differenzierende Einheitsschule“ gestalten lässt, die mit möglichst einheitlichem Programm die Schüler so weit wie möglich gemeinsam anspricht und sie dennoch je speziellen Lernzielen (Abschlüssen) zuführt?

Dabei geht es diesen Waldorfschulen prinzipiell nicht um ein Entweder-Oder, sondern um eine Waldorfschule „für Alle“ mit einem breiten Bildungsangebot, in dem keiner verloren gehen sollte. Und es geht ihnen um eine „neue Allgemeinbildung“, die entsprechende praktische und berufliche Qualifikationen einschließt.

Schon die erste Waldorfschule stand vor der Frage, wie der ganzheitliche Ansatz der Unter- und Mittelstufe, wie ein „Lernen mit Kopf, Herz und Hand“ in die Oberstufe weitergeführt werden kann? Wie können Bildungsprozesse so organisiert werden, dass der künftige Akademiker und der künftige Handwerker oder Facharbeiter möglichst lang voneinander lernen können in gegenseitiger Anerkennung und Wertschätzung ihrer unterschiedlichen Begabungen und Fähigkeiten? Wie kann das Künstlerische mit seiner ästhetischen Ausdruckskraft hier eine vermittelnde Rolle einnehmen? So die bereits angedeuteten Intentionen Rudolf Steiners bei der Gründung der ersten Waldorfschule, der schon damals in dem Auseinanderdriften dieser Bereiche eine der Wurzeln sozialer Ungerechtigkeiten und gesellschaftlicher Fehlsteuerungen sah- heute aktueller denn je.

Die berufsbildenden Waldorfschulen wollen Jugendlichen bis zum Abschluss ihres Bildungsganges eine gleichwertige und gleichartige Förderung durch Lernen zuteilwerden lassen: gleichwertig hinsichtlich der Ermöglichung personaler Entwicklung, gleichartig hinsichtlich der individuellen und gesellschaftlichen Verwertbarkeit („Doppelqualifikation“).

Mit den Erfahrungen und entsprechenden Weiterentwicklungen kann damit der Frage nachgegangen werden, ob sich durch diese neue Qualität des Lernens auch eine neue Qualität der erworbenen Befähigungen, d. h., eine neue Berufskompetenz und eine neue Studienkompetenz, vielleicht sogar eine neue Art von „Lebenskompetenz“ erwerben lässt?

1.3.2 Die Hiberniaschule

Am stringentesten, vielfach diskutiert, wissenschaftlich beforscht und anerkannt hat diesen Ansatz seit den sechziger Jahren des letzten Jahrhunderts die Hiberniaschule in Wanne-Eickel verfolgt. Sie ermöglicht allen Schülern bis heute eine „Doppelqualifikation“. Die berufliche Ausbildung ist über eine

Berufsgrundbildung (7.–10. Klasse als erstes Ausbildungsjahr anerkannt) und eine Berufsfachschule (11.–12. Klasse) parallel zur schulischen Bildung organisiert und integriert.

Alle Schüler sollen am Ende der 12. Jahrgangsstufe integriert einen Berufsabschluss in einem anerkannten Ausbildungsberuf (Gesellenbrief), den mittleren Bildungsabschluss (Mittlere Reife/Fachoberschulreife) und im Weiteren die Allgemeine Hochschulreife erlangen. Bis heute hat sich dieses Konzept bewährt. Die Hiberniaschule verfügt über ein vielfältig methodisch-didaktisches Know-how, das seit Jahrzehnten in der Praxis erprobt ist. Aufgrund ihrer rechtlichen Sonderstellung (Lex Hibernia) ist sie bis heute ein Unikat geblieben. Sie wird im Weiteren ausführlicher in den Mittelpunkt gerückt.

1.3.3 Freie Waldorfschule Kassel

Ein weiteres Flaggschiff im Bereich der beruflichen Bildung ist die Freie Waldorfschule in Kassel, die ebenfalls seit mehr als einem halben Jahrhundert ihren Schülern eine Berufsausbildung anbietet und eine entsprechende „Doppelqualifikation". Hier ist die Organisationsform eine andere: Die Schüler können in der Oberstufe zwischen einer Berufsausbildung in einem bestimmten Bereich (Holz, Metall, Elektronik) oder einem allgemeinbildenden Abschluss (i. d. R. Abitur) wählen. Die Schüler einer Jahrgangsstufe haben Anteile gemeinsamen Unterrichts, sodass die sozialen Beziehungen der Klassenverbände in der Unter- und Mittelstufe als Lernfeld erhalten bleiben. Erst im dritten Lehrjahr sind die einen Schüler nur in der Werkstatt, während die Schüler des allgemeinen Zweiges in die 12. Klasse weitergehen, um die Qualifikationsphase für das Abitur zu absolvieren. Nach abgeschlossener Berufsausbildung haben dann auch die Werkstattschüler die Möglichkeit ggf. das Abitur zu absolvieren.

1.3.4 Freie Rudolf-Steiner-Schule Nürnberg

Einen ähnlich bewährten Weg geht seit Jahrzehnten die Freie Rudolf-Steiner-Schule Nürnberg. Auch hier wird parallel zum allgemeinbildenden Bereich in drei Bereichen eine Berufsausbildung (Schreinerei, Hauswirtschaft, Metall) angeboten.

Neuere Wege gehen in den letzten Jahren die Emil Molt Akademie Berlin und die Waldorf-Berufskollegs in NRW.

1.3.5 Emil Molt Akademie Berlin

Die Emil-Molt-Akademie ist die erste staatlich anerkannte waldorfpädagogische Berufsfachschule und Fachoberschule Berlins. «Wirtschaft verstehen und sozial handeln können» lautet ihr Leitbild. Sie qualifiziert die Schüler für

Wirtschaft und Sozialwesen entsprechend den heutigen Anforderungen an moderne Bildungs- und Berufswege. Sie bietet eine Ausbildung zum kaufmännischen Assistenten in den Fachrichtungen Fremdsprachen oder Informationsverarbeitung (EDV), die Ausbildung zum Sozialassistent/zur Sozialassistentin oder eine dreijährige Ausbildung zum Heilerziehungspfleger/zur Heilerziehungspflegerin an.

1.3.6 Das Waldorf-Berufskolleg

Das Waldorf-Berufskolleg (WBK)[14] ist eine Neugründung in der Waldorf-Oberstufe der Freien Waldorfschulen in NRW. Es hat wie die Emil-Molt-Akademie die Form einer Fachoberschule und integriert Elemente der Waldorfpädagogik. Intensive pädagogische Begleitung in der betrieblichen Praxis, künstlerische Projekte, Epochenunterricht u. a. sind hier wesentliche Alleinstellungsmerkmale. Angestoßen durch die PISA-bedingten Veränderungen der staatlichen Schule und nach dem Motto „Differenzieren statt Selektieren“ bietet es eine attraktive Alternative zum Abitur. Der zweijährige Bildungsgang des Berufskollegs unterscheidet sich in seiner Struktur deutlich von dem gleichsinnig verlaufenden Abiturzweig. Im ersten Jahr werden berufliche Qualifikationen durch ein einjähriges Praktikum vermittelt. Dabei sind unterschiedliche berufliche Fachrichtungen möglich. Es wird von der Schule begleitet und durch schulische Anteile ergänzt. Das zweite Jahr ist als Vollzeitunterricht gestaltet, der dann zur allgemeinen Fachhochschulreife führt.

Dabei gibt es interessante Anschlussmöglichkeiten: Mit dem erfolgreich abgeschlossenen Praktikumsjahr ist ein verkürzter Einstieg in eine Berufsausbildung der jeweiligen Fachrichtung möglich. Die allgemeine Fachhochschulreife ist nicht an eine berufliche Fachrichtung gebunden. Sie berechtigt zum Studium von Bachelor-Studiengängen an Fachhochschulen oder Gesamthochschulen. Ein abgeschlossenes Bachelor-Studium berechtigt weiter zu entsprechenden Master-Studiengängen an weiteren Hochschulen.

Derzeit gibt es sechs Waldorf-Berufskollegs in NRW mit unterschiedlichen Fachrichtungen:

WBK Bielefeld (Gesundheit und Soziales),
WBK Haan-Gruiten (Technik),
WBK Köln (Gesundheit und Soziales),
WBK Sankt Augustin (Gestaltung),
WBK Schloss Hamborn (Gesundheit und Soziales),
WBK Windrather Tal (Gesundheit und Soziales).

Inzwischen gibt es eine Reihe weitere Initiativen. So haben sich Hamburger Waldorfschulen zusammengeschlossen, um ein gemeinsames

14 Enderle und Schneider 2012.

Abb. 1: Waldorf-Berufskolleg

Waldorf-Berufskolleg auf den Weg zu bringen, dass u. a. mit der beruflichen Qualifizierung zu einem sozialpädagogischen Assistenten abschließen soll.

Auch in anderen Bundesländern machen sich Waldorfschulen auf den Weg, diesen Weg weiterzuverfolgen, so die Waldorfschule in Marburg (Hessen) und die Rudolf-Steiner-Schule Nordheide (Niedersachsen).

Im Unterschied zu einer handwerklichen Berufsausbildung mit eigenen Lehrwerkstätten können Berufskollegs relativ einfach in eine bestehende Waldorfoberstufe implementiert werden, da die berufliche Qualifizierung zum überwiegenden Teil in der Praxis externer Betriebe stattfindet. Auch mit einem einzigen Fachbereich lassen sich kleine Berufskollegs gut refinanzieren. Die „familiäre Waldorf-Atmosphäre" wissen Schüler und Eltern zu schätzen. Befragungen durch die wiss. Begleitung an der Alanus-Hochschule zeigen, dass insbesondere das erste Praxisjahr an den Waldorf-Berufskollegs den Schülern wesentliche biographische Entwicklungsschritte ermöglicht.

Die unterschiedlichen Ansätze Waldorfpädagogik und berufliche Bildung miteinander zu verbinden einen sich unter dem Motto „Lernend arbeiten – Arbeitend lernen" mit dem Ziel, ein neues Verständnis einer neuen Allgemeinbildung zu etablieren und zu gestalten.

In diesen Waldorfschulen werden mithin auch aktuelle Fragestellungen behandelt, inwieweit gerade diese ganzheitliche praktisch-berufliche Bildung ein wirkungsvoller Weg zur Begabungsförderung ist, für einen Staat, dessen einziger Reichtum in der schöpferischen Arbeitskraft und Lernkompetenz seiner Menschen liegt (bildungsökonomischer Aspekt). Und ebenso der unmittelbaren Aufgabe, die vielen zugewanderten überwiegend jungen Männern praktisch und sprachlich in eine Kultur der Arbeit einzuführen und aus einer solchen Arbeitskultur heraus sprachliche, soziale und berufliche Kompetenzen zu veranlagen. Gerade aus den dargestellten und empirisch gesicherten Erfahrungen wird sichtbar, dass gemeinsame Arbeitserfahrungen und Arbeitsgruppen das „Tertium Comparationis", der gemeinsame Begegnungsraum und Bildungsweg, sind für neue und zeitgemäße Gemeinschaftsbildung.

1.4 Ein Bildungskongress und seine Folgen

Der Bildungskongress „Lernend arbeiten – arbeitend lernen. Die Bildungsidee der Waldorfschule" fand im 18.–20. Januar 2018 in Herne statt und war eine gemeinsame Veranstaltung der Hiberniaschule als Gastgeber, des Bundes der Freien Waldorfschulen und der Alanus Hochschule für Kunst und Gesellschaft in Alfter.[15]

Im Rahmen der Tagung wurde das Konzept der Hiberniaschule mit ihrer Integration von beruflicher und allgemeiner Bildung zu einem neuen Bildungsverständnis im Hinblick auf die alten und neuen Probleme unseres Bildungswesens gewürdigt. Ebenso wurden andere und neuere Ansätze der berufsbildenden Waldorfschule präsentiert und diskutiert.

Der Kongress ermöglichte den Teilnehmern eine Auseinandersetzung und Reflexion mit der grundlegenden Bildungsidee durch eigene Erfahrungen (Hospitationen), den Erträgen aus Biografien Ehemaliger und einem wissenschaftlichen Diskurs aus unterschiedlichen Perspektiven vor der Folie gegenwärtiger Bildungsprobleme.

Insbesondere wurden erste Ergebnisse der Studie von Jürgen Peters zu den Ehemaligen dargestellt, die hier erstmals vollständig zu finden ist (Teil II). Die Ergebnisse wurden mit einigen Ehemaligen vor Ort diskutiert und belegten eindrücklich, wie das pädagogische Konzept der Hiberniaschule nachhaltig biografisch wirksam wurde. Mit dem Gefühl einer realistischen Selbsteinschätzung und Zutrauen in die eigenen Fähigkeiten bekräftigten die Absolventen, wie sie frei und selbstbestimmt ihre Lern- und Berufsbiografie gestalten konnten.

15 Freitag, K.-P./Gabriel, W./Kieser, T. (Hrsg.) 2018: Lernend arbeiten – arbeitend Lernen.

Anhand vielfältiger Aspekte wurde so deutlich, wie die Hiberniaschule mit ihrem spezifischen Ansatz und ihren Erfahrungen wesentliche Impulse zur Überwindung der Einseitigkeiten unseres Bildungssystems geben kann. Auch wenn die Hiberniaschule in unserer Bildungslandschaft einzigartig und nicht reproduzierbar ist, konnte exemplarisch aufgezeigt werden, dass die zugrunde liegenden Fragestellungen nichts von ihrer Aktualität eingebüßt haben.

Damit wurde zeitgleich ein Impuls für ein überregionales Modellvorhaben gegeben, das mit den Erfahrungen der Hiberniaschule als berufspädagogischer Drehachse die vielfältigen Möglichkeiten einer berufsbildenden Waldorfschule erkundet.

Der Bund der Freien Waldorfschulen (BdFWS) initiierte im Zusammenhang mit dem Bildungskongress und ihren Akteuren das Projekt „Handel können: Modellversuch berufsbildende Waldorfschule", welches weitere Entwicklungen im Rahmen der Waldorfschulbewegung angestoßen hat.[16]

Derzeit arbeiten ca. 60 Waldorfschulen und pädagogische Einrichtungen mit unterschiedlichen Fragestellungen an der Weiterentwicklung und Aktualisierung der grundlegenden Idee der Verbindung von Lernen und Arbeiten, von allgemeiner und beruflicher Bildung.

Grundlage der bildungspolitischen Zielrichtung ist, die in der auf dem Bildungskongress verabschiedete „Herner Erklärung"[17], in der wesentliche Forderungen für eine Reform unseres Bildungswesens formuliert sind. Die entsprechenden Begründungen finden sich in der Dokumentation des Bildungskongresses.

Die Teilnehmer und Veranstalter setzen sich mit dem Bund der Freien Waldorfschulen (BdFWS) für eine Bildungsreform ein, die drei wesentliche Maßnahmen enthalten soll:

> 1. Bildungsbegriff: Aufgabe der schulischen und beruflichen Ausbildung ist es, junge Menschen zu mündigen Persönlichkeiten in der Gesellschaft heranzubilden, somit spielt die Persönlichkeitsentwicklung eine große Rolle in der Ausbildung. Die Entfaltung aller Begabungspotenziale junger Menschen soll gleichwertig gefördert werden. Somit wird die Verschmelzung der schulischen und der beruflichen Ausbildung gefordert.
>
> 2. Organisation von Bildung: Die frühe Selektion nach Lernwegen und Begabungen soll abgeschafft werden. In einem modernen Unterrichtskonzept können kognitive (allgemeinbildende) und berufliche Qualifikationen parallel erworben werden. Dies geschieht übergreifend (integrativ) in einem gemeinsamen Lernverbund und unabhängig der individuellen Begabungen jedes Einzelnen.

16 Siehe Anhang II.
17 Siehe Anhang I.

3. Prüfungs- und Berechtigungswesen: Schulische und berufliche Abschlüsse und Qualifikationen müssen miteinander vernetzt werden und aufeinander aufbauen. Eine zentrale Forderung ist, dass auch mit beruflichen Qualifikationen eine Hochschulzulassung erlangt werden kann[18].

Konkret arbeiten die beteiligten Waldorfschulen und Einrichtungen in dieser Initiative an drei Fragestellungen und Aufgabenkreise:

Praktisches Lernen in der Unter- und Mittelstufe
Wie lässt sich das praktische Lernen der Unter- und Mittelstufe methodisch-didaktisch so konzipieren, dass es zu grundberuflichen Qualifizierungen und gegebenenfalls zur Anerkennung führt (1. Ausbildungsjahr)? Wie lässt sich in diesem Zusammenhang eine an der Praxis und individuellen Erfahrungen orientierte „Berufs- und Studienorientierung" im Übergangsraum zwischen Schule und Beruf gestalten?

Berufsausbildung/Kooperationsmöglichkeiten mit externen Betrieben
Wie lässt sich im Anschluss und in Verbindung mit dem praktischen Lernen und einer grundberuflichen Ausbildung an Schulen in Kooperation mit externen Betrieben eine neue Form von Berufsausbildung entwickeln?

Weiterentwicklung der berufsbildenden Waldorfschule
Wie müssen sich die bestehenden beruflichen Waldorfschulen im Hinblick auf die Künstler liegen Herausforderung unseres Bildungswesens, insbesondere der Digitalisierung weiterentwickeln?

Die bestehenden und bewährten berufsbildenden Waldorfschulen, wie die FWS Kassel insbesondere die Hiberniaschule sind hier wesentliche Anreger und Kooperationspartner.

1.5 Das Konzept der Hiberniaschule

Die Hiberniaschule[19] ist eine staatlich genehmigte Gesamtschule und Kolleg eigener Art. Sie integriert berufliche und allgemeine Bildung auf der Grundlage der Waldorfpädagogik. Sie ist ab der 5. Klasse dreizügig und hat ca. 1000 Schülerinnen und Schüler und 125 Kollegen.

Von der 1. Klasse an bis hin zu den Berufsabschlüssen nach Klasse 12 sind allgemeinbildende, künstlerische und berufsbildende Elemente so miteinander verbunden, dass sie zu einem ganzheitlichen doppelqualifizierenden Bildungsgang bis in das Hiberniakolleg (13. und 14. Klasse) führen.

In der Regel schließen die Hiberniaschülerinnen und -schüler die erste Phase ihrer Schulzeit mit einer staatlich gleichgestellten Berufsabschlussprüfung

18 Neuer Bildungsansatz: Waldorfschulen setzen auf Doppelqualifikation – Bund der Freien Waldorfschulen.

19 Rist und Schneider 1990: Die Hiberniaschule.

ab mit der sie zugleich die Fachoberschulreife (mittlerer Bildungsabschluss) erwerben.

Das bereits in der 12. Klasse integrierte Hiberniakolleg ist ein Institut zur Erlangung der Hochschulreife und führt für die Absolventen der Hiberniaschule nach zwei bzw. drei weiteren Jahren zur Fachhochschulreife oder zum Abitur. Das Angebot des Hiberniakollegs als Schule des zweiten Bildungsweges, in einer 13. und 14. Klasse die allgemeine Hochschulreife zu erlangen, greifen jährlich über 90% der Schüler mit großem Erfolg auf.

Die Hiberniaschule ist 1952 aus der Lehrwerkstatt des Stickstoffwerkes Hibernia in Wanne-Eickel hervorgegangen. Ihr besonderer Ansatz liegt daher u. a. darin begründet, dass sie sich aus der Lehrlingsausbildung eines Chemiekonzerns im Ruhrgebiet entwickelt hat. Im Gegensatz zu der typischen Entstehung einer Waldorfschule aus einer engagierten Eltern-Initiative ist die Hiberniaschule in ihrer historischen Wurzel somit eng mit der ursprünglichen Zielgruppe der ersten Waldorfschule verbunden, die 1919 aus einer Schulinitiative für die Arbeiterkinder der Waldorf-Astoria-Zigarettenfabrik in Stuttgart hervorgegangen ist.

Ihr Gründer, Klaus Fintelmann griff in den sechziger Jahren des letzten Jahrhunderts das bereits im Ursprungsimpuls der Waldorfschule veranlagte Ziel auf, beruflich-praktische Bildung als wesentlichen Bestandteil einer ganzheitlichen Allgemeinbildung zu integrieren. Und schuf damit eine Integrierte Gesamtschule eigener pädagogischer Art.

Die Hiberniaschule legt dem Unterricht in allen Jahrgangsstufen die Elemente der Waldorfpädagogik zugrunde. Als Waldorfschule weist sie daher deren charakteristische Merkmale auf: Gelebte Beziehungspädagogik und Erziehungspartnerschaft mit den Eltern instabilen Bezugsgruppen über lange Zeiträume; kein Sitzenbleiben; keine Noten-, sondern Textzeugnisse, als Dokumentation individueller Entwicklung; ein ganzheitliches Bildungsangebot mit kognitivem, künstlerischem und praktischem Unterricht; entwicklungsgemäße Stufung der Lernprozesse; Epochenunterricht (Blockunterricht) usw.

Bis einschließlich der 6. Klasse entspricht der Unterricht weitgehend der klassischen Waldorfschule. Was anders ist, ist der in hochdifferenzierter Weise auf die kindliche Entwicklung abgestimmte praktische Bildungsgang.

1.5.1 Praktische Elementarbildung (Kl. 1–6)

In der Grundstufe beginnt der praktische Bildungsgang im 1. Schuljahr. Er setzt methodisch beim kindlichen Spiel an und führt nach dem durchgängigen Waldorfprinzip „vom Tun und Begreifen mit den Händen zum Verstehen“ in dieser Stufe zu vielfältigen praktischen Fähigkeiten. Das praktische Lernen umfasst u. a. Bereiche wie: Handarbeit, Hauswirtschaft, Gartenbau, Holzschnitzen.

Im Wechselspiel mit dem kognitiven und künstlerischen Unterricht und in Verbindung mit einer allgemeinen Arbeitslehre wird damit eine praktische Elementarbildung bzw. praktisch-handwerkliche Grundbildung veranlagt.

1.5.2 Berufliche Grundbildung (Kl. 7–10)

Ab der 7. Klasse wird in einem breiten, aufbauenden Curriculum der handwerklich-praktische Unterricht zu einer beruflichen Grundbildung erweitert. In einer Vielfalt von projektbezogenen Kursen (im Nachmittagsbereich) werden berufliche Grundqualifikationen vermittelt. Die Fachgebiete umfassen dabei u. a.: Holz, Metall, Elektro/Elektronik, Textil, Soziales und Ernährung/Hauswirtschaft. Der Kursunterricht wird in Form von Berichtsheften durchgängig dokumentiert und bis zum Ende der zehnten Klasse als ein erstes Lehrjahr und Einstieg in eine Fachausbildung anerkannt. Zugleich als „praktische Berufsorientierung" verstanden, wird damit eine exemplarische Berufswahlreife veranlagt.

1.5.3 Berufliche Fachausbildung (Kl. 10–11)

Nach der allgemeinen und unspezifischen Berufsgrundbildung erfolgt in den Klassen 10 und 11 die Spezialisierungsphase in Form einer beruflichen Fachausbildung (zweites und drittes Ausbildungsjahr) in den entsprechenden Fachwerkstätten der Hiberniaschule, wo sie von Handwerksmeistern unterrichtet werden.

Die Schüler können hier einen von fünf Ausbildungsberufen (Möbeltischler, Maßschneider, Elektroniker, Feinwerkmechaniker und als nichthandwerkliche Ausbildung Kinderpfleger) lernen und legen zum Ende der 12. Klasse einen der Gesellenprüfung gleichstehenden Abschluss ab, der auch den schulischen Abschluss bis zur Fachoberschulreife beinhaltet.

Die Schülerinnen und Schüler der Hiberniaschule verfügen damit über eine Doppelqualifikation und ihnen steht damit auch der Weg in das hiberniaeigene Weiterbildungskolleg offen, indem sie die Fachhochschulreife oder das Abitur erwerben können. Sie verlassen dann die Schule mit einem schulischen Abschluss und einer abgeschlossenen Berufsausbildung, die als „Startberuf" verstanden wird.

Da die Hiberniaschule sich mithilfe ihrer Betriebsgesellschaft (HBG -MBH) darum bemüht in der Berufsausbildung von entsprechenden Auftraggebern sinnvolle und verwertbare Produkte herzustellen, wird damit auch ein entsprechend modernes Verständnis von Beruf und Arbeit vermittelt. Arbeit als Arbeit für und mit anderen in einer modernen arbeitsteiligen Gesellschaft verstanden. Von 1977–1983 beteiligte sich die Hiberniaschule an einem Modellversuch mit der Bund-Länder-Kommission mit der Aufgabenstellung: „Praxisnahe Entwicklung doppelqualifizierender Bildungsgänge im Lernortverbund in der

Oberstufe der Hiberniaschule und wissenschaftliche Begleitung". Die Bund-Länder-Kommission für Bildungsplanung und Forschungsförderung (BLK) hatte ein Instrument geschaffen, um einzelne richtungsweisende Schulmodelle so aufzuarbeiten, dass sie für die gesamtgesellschaftliche Entwicklung im Bildungswesen fruchtbar werden konnten. In diesem Zusammenhang ist das viel diskutierte Konzept entstanden, dass sich bis heute erfolgreich weiterentwickelt hat und weiterentwickelt werden kann.

Die besondere pädagogische Konzeption der Hiberniaschule[20] zeigt sich also darin, dass die spezielle Berufsausbildung als Stufe in einem übergreifenden praktischen Lernweg als Teil einer neuen Allgemeinbildung verstanden wird und damit die Berufsausbildung selbst unter pädagogischen und lerntheoretischen Gesichtspunkten neu strukturiert wurde.

Zunächst wird die Stufe handwerklich orientierte Arbeitstätigkeiten von allen Jugendlichen durchschritten. Danach schließt sich eine „technische Elementarausbildung" an, durch die in exemplarischer Weise in basale Formen technisch-industriellen Arbeitsverhaltens eingeführt wird. Erst danach und darauf aufbauend beginnt die in Fachrichtung getrennte Spezialisierung. Hier werden die praktischen und theoretischen Qualifikationen für einen besonderen Tätigkeitsbereich erworben, der als „Grundberuf" konzipiert ist. Die Qualifikationen werden durch entsprechende Berufstätigkeiten erworben, die methodisch-didaktisch so konzipiert sind, dass sie für die beruflichen Aufgabenfelder und ihnen zugehörigen Verhaltensformen typisch sind. Dieser „Grundberuf" wird als „Lernberuf" verstanden, der nicht selbst ausgeübt wird. Doch sollen durch ein solches „exemplarisches Lernen" sowohl die Grundlagen für alle in dem betreffenden Tätigkeitsfeld vorhandenen Arbeitssituationen wie auch für das weiterführende Lernen gelegt werden. Erst hieran schließt sich in einer letzten aufbauenden Stufe die „Spezialisierung" für einen konkreten Tätigkeitskomplex, für einen „Arbeitsplatz" an, wobei sich je nach lokalen Gegebenheiten eine Reihe von Spezialisierungen auf einen entsprechenden Grundberuf aufbauen lassen. Die letzte Qualifikationsphase ist naturgemäß auf einen anerkannten Ausbildungsberuf ausgerichtet.

Der allgemeinbildende Charakter einer so konzipierten Berufsausbildung kann durch folgende Aspekte verdeutlicht werden:

20 Siehe hierzu auch: Fintelmann 1991 sowie Edding 1985.

- Im Mittelpunkt des Grundberufes steht die Vermittlung einer grundlegenden beruflichen Lernkompetenz. Sie beinhaltet die Fähigkeit zur immer neuen Spezialisierung und auf ihrer breit angelegten Basis die Möglichkeit ggf. – aus biografischen oder gesellschaftlichen Gründen – den Beruf leichter zu wechseln, als dies mit einer klassischen Ausbildung möglich ist. Mit dem Grundberuf erhalten die seit der Unter- und Mittelstufe geförderten Begabungen und erworbenen Fähigkeiten des praktischen Lernens die ihnen gebührende Würdigung und Anerkennung (1. Ausbildungsjahr).
- Die altersgemäße Konzeption der grundberuflichen Ausbildung ist so angelegt, dass sie von jedem Jugendlichen mit Erfolg durchlaufen werden kann. Je nach Interesse und Begabung können im Verlauf zusätzliche Qualifikationen erworben und Inhalte vertieft werden.
- Diese Form der Berufsausbildung, die als Grundberuf mit aufbauenden Spezialisierungen strukturiert ist, wird als ein integrierendes Lernen durchgeführt. In gegenseitiger Stimulation und Korrespondenz mit den künstlerischen Lernangeboten und den kognitiven Fächern des allgemeinbildenden Bereichs zielt sie auf die Vermittlung einer beruflichen Handlungskompetenz. Sie veranlagt eine personale Autonomie, die Jugendliche befähigt selbstständig, eigenverantwortlich und mit dem Bewusstsein gesellschaftlicher Verantwortung in ihrem späteren Berufsleben zu handeln.

1.6 Zum Lehrplan der Waldorfschule – ein Beispiel

Dem ganzheitlichen Bildungsansatz der Waldorfpädagogik entsprechend verbindet die Hiberniaschule das kognitive, künstlerische und praktische Lernen zu einem Gesamtkonzept. Dabei sind die Fächer horizontal aufeinander bezogen und vertikal an den altersspezifischen Entwicklungen und Fähigkeiten der Kinder und Jugendlichen orientiert. Während in den unteren Klassen der Ausgangspunkt für die Lehrplangestaltung ausdrücklich die Entwicklungsbedingungen der Kinder und Jugendlichen ist, der in der Waldorfpädagogik mit der Formel „Der Lehrplan ist das Kind“ apostrophiert wird, erfolgt in der Oberstufe ein methodischer Wechsel, der zunehmend die gesellschaftlichen Bedingungen und Anforderungen der Arbeitswelt in den Vordergrund stellt. Die Hiberniaschule hat dabei in einzigartiger Weise ihren Lehrplan des praktischen Lernens von grundlegenden handwerklichen Tätigkeiten bis hin zu den Anforderungen einer modernen Berufsausbildung konzipiert. Als bekanntes Beispiel[21] sei dies hier am Lehrplan Holz verdeutlicht:

21 Siehe z.B. L. Gienapp: Lernen am Holz in: Edding 1985.

Lehrplan Holz

Lebensalter	**Altersspezifische Situation**	**Tätigkeiten**, die mit der altersspezifischen Situation (Altersbegabung) korrespondieren.	**Werkstücke**
18 17	Bedürfnis nach Verantwortung im sozialen Feld erwacht (Verbindung des Sozialen mit dem Personalen).	Selbständige Arbeit aus fachlichem Überblick. Arbeiten, die Bewährung im sozialen Zusammenhang ermöglichen; Teamarbeit.	Z.B. Schreibtisch als Gesellenstück (2.4.24) Möbelstück als Auftragsarbeit (2.4.24)
16	Streben nach Handhabung fachlicher Kriterien.	Arbeiten, die Fachkompetenz und fachliches Können erfordert. Exaktes Stemmen.	Z.B. Arzneimittelkasten mit Schwalbenschwanzverzinkung
15 14	Fähigkeit zur Bildung eines eigenen Urteils, das sich an den sachlichen und materiellen Bedingungen orientiert, wie auch Wunsch zur Distanz, um die eigene Identität zu finden.	Arbeiten, die die fachlich-exakte Objektivität erleben lassen und Nachprüfen der eigenen praktischen Arbeit durch selbständiges Kontrollieren und Messen und dadurch Möglichkeit zur Selbst-Korrektur. Hobeln, Sägen.	Einsatzkasten (2.4.2) z.B. Nagel- oder Schuhputzkasten, Blumenhocker, mechanisches Holzspielzeug, einfache Gartenhocker
13 12	Erwachende Fähigkeit zur stärkerer Abstraktion. Möglichkeit, die Zweckgebundenheit eines Gegenstandes differenzierter zu verstehen, wie auch anfängliche fachgerechte Arbeitstechniken. Mehr Distanz zur Umwelt.	Arbeiten, die den Übergang vom Künstlerisch-Spielerischen zum Fachlichen ermöglichen: Schneiden mit Ziehmesser, genaues Sägen, Holz spalten, Sägen, Hacken, Beilen. Das Werkstück wird im Schraubstock eingespannt. Raspeln, Schleifen mit Sandpapier.	Vogelfutterhaus, einfaches Spielgerät. Brennholz, Forstpraktikum. Stopfei, Kochlöffel, Pflanzholz, Raspeln einer einfachen Tiergestalt.
11	Sich entwickelnde handwerklich-körperliche Geschicklichkeit, die den Umgang mit neuen Werkstoffen fordert, z.B. Holz.	Spanabhebende Tätigkeit am Holzstück, das in der Hand gehalten wird.	Schnitzen von Rundungen, die zu einer einfachen Tiergestalt, wie Igel, Elefant, Häschen werden können.

Vertikale Artikulation (psycho-physische Entwicklung)

Curriculum (Holz)

aus: Rist, Georg; Schneider, Peter (1990): Die Hiberniaschule. Von der Lehrwerkstatt zur Gesamtschule: Eine Waldorfschule integriert berufliches und allgemeines Lernen. 1. Aufl. Berlin, S .53

Abb. 2: Lehrplan Holz Hiberniaschule

1.7 Der BLK-Modellversuch der Hiberniaschule

Die Hiberniaschule hat in den Jahren 1977–1983 einen von der BLK (Bund-Länder-Kommission für Bildungsplanung und Forschungsentwicklung) geförderten Modellversuch durchgeführt: **„Praxisnahe Entwicklung doppelqualifizierender Bildungsgänge im Lernortverbund in der Oberstufe der Hiberniaschule und Wissenschaftliche Begleitung“**. Die Bund-Länder-Kommission für Bildungsplanung und Forschungsförderung (BLK) hatte damals ein Instrument geschaffen, um einzelne richtungsweisende Schulmodelle so aufzuarbeiten, dass sie für die gesamtgesellschaftliche Entwicklung im Bildungswesen fruchtbar werden konnten.

Bei der Erprobung von doppelqualifizierenden Bildungsgängen im Rahmen von Modellversuchen hatte der Bundesausschuss für Berufsbildung in einer Stellungnahme folgende Erwartungen:

> *„Der Bundesausschuß erwartet, daß doppelprofilierte Bildungsgänge insbesondere zur Realisierung folgender bildungspolitischer Zielsetzungen beitragen:*
> *– Gleichwertigkeit von beruflicher und allgemeiner Bildung.*
> *– Verbesserung der horizontalen und vertikalen Durchlässigkeiten von Bildungsgängen im Sekundarbereich II,*
> *– Verbesserung der Chancen benachteiligter Bevölkerungsschichten.*
> *Damit sollen die*
> *– Annäherung der Berechtigungssysteme,*
> *– Korrigierbarkeit von Berufs- und Bildungsgangentscheidungen,*
> *– Verkürzung des Aufenthalts im Sekundarbereich* im Vergleich zu einem konsekutiven Erwerb von Doppelqualifikationen in unverbundenen Bildungsgängen ermöglicht werden.“[22]

Der Modellversuch gab der Hiberniaschule damals die Möglichkeit, ihre Erfahrungen kritisch zu reflektieren und zeitgemäß weiterzuentwickeln. Alle Schüler sollten am Ende der 12. Jahrgangsstufe integriert einen Berufsabschluss in einem anerkannten Ausbildungsberuf (Gesellenbrief), den mittleren Bildungsabschluss (Mittlere Reife/Fachoberschulreife) und im Weiteren die Allgemeine Hochschulreife erlangen. Dazu wurden die beiden 9. Klassen des Schuljahres 1977/78 (90 Schüler) als ein „Versuchsjahrgang“ zusammengefasst, der sechs Jahre lang wissenschaftlich begleitet wurde.[23]

Im Rahmen der wissenschaftlichen Begleitung wurden die damaligen Absolventen durch eine Reihe bildungsbiografischer Interviews befragt. 40 Jahre später wurden die Absolventen im Kontext einer empirischen Bildungsstudie nachbefragt. Die Ergebnisse und Erkenntnisse sind hier im zweiten Teil von Jürgen Peters dargestellt.[24]

Die Hiberniaschule hat mit ihrer spezifischen „Hibernia-Waldorfpädagogik“ einen wesentlichen und auch langjährig bewährten Beitrag zur Weiterentwicklung des traditionellen dualen Systems zu einem ganzheitlichen beruflichen Bildungsweg gegeben. So war zum Beispiel das didaktische Modell der die Hibernia-Waldorfpädagogik Grundlage für verschiedene Modellversuche im betrieblichen Bildungswesen, die in Zusammenarbeit mit dem Bundesinstitut für Berufliche Bildung (BIBB) in Industrie und Handwerk

22 BIBB-Hauptausschuss 1976.
23 Vgl. z.B. SPIEGEL 1980 Mittlere Reife plus Gesellenbrief.
24 Siehe Teil II.

durchgeführt wurden.[25] Allerdings darf nicht übersehen werden, dass die Hiberniaschule ein „pädagogisches Unikat" geblieben ist. Die hier vorliegenden Erfahrungen können unter wissenschaftlicher Begleitung ausgewertet und unter den aktuellen erziehungswissenschaftlichen und bildungspolitischen Aspekten weiterentwickelt werden.

1.7.1 Zielsetzungen und Fragestellungen

Die Zielsetzungen Fragestellungen des Modellversuchs waren damals so aktuell wie heute. Vor dem Hintergrund der dargestellten Herausforderungen unseres Bildungssystems zeigen sie, dass sich die grundlegenden Problemlagen bis heute nicht wesentlich geändert, eher noch verschärft haben.

Die zentralen Zielsetzungen des MV zum Schuljahresbeginn 1977/78 waren:

„1. Jeder Jugendliche soll bis zum Abschluss des zwölften Bildungsjahres (18./19. Lebensjahr) eine gleichwertige und gleichartige Förderung durch Lernen erhalten. Gleichwertigkeit bezog sich auf die Ermöglichung personaler Entwicklung. Gleichartig sollte die Förderung sein hinsichtlich der individuellen und sozialen Bedeutung mit der Konsequenz, dass jeder Schüler sowohl eine berufliche Ausbildung erhalten als auch zum Weiterlernen befähigt werden sollte.

2. Diese gleichwertigen Lernangebote sollten sowohl zu einer Studien-als auch zu einer Berufsqualifikation (Doppelqualifikation) führen. Ein solches differenziertes Lernen erhält eine neue Qualität, wenn es in gegenseitigem, wechselhaftem Bezug stattfindet und immer auf die Ganzheit der Personen bezogen ist (pädagogische Integration).

3. Integriertes Lernen ist aber auch die Voraussetzung für eine neue Qualität der Befähigung die als Kompetenz vermittelt wird. Als Berufskompetenz drückte sich darin aus, dass das berufliche Können selbstständig infrage gestellt und weitergeführt werden kann. Voraussetzung dafür ist die Fähigkeit, sich immer neu orientieren und spezialisieren zu können (berufliche Lernfähigkeit). Dementsprechend sollte die erste berufliche Spezialisierung in der Schule exemplarisch (!) Eine solche generelle berufliche Lernfähigkeit einüben und vermitteln. Als Studienkompetenz drückt sich darin aus, dass das gelernte unter den Bedingungen einer ganz konkreten Situation umgesetzt werden kann, im Wechsel von Erlernen und Ausüben.

4. Aus den dargelegten Gründen ist die Oberstufe der Hiberniaschule auf spezielle Lernziele (Abschlüsse) ausgerichtet. Denn eine curriculare und organisatorische Differenzierung ist überhaupt die Voraussetzung, dass sich die Prozesse einer pädagogischen Integration ereignen können. Durch die Vorgaben der Gleichwertigkeit und Gleichartigkeit sollte sichergestellt werden, dass trotz eines hochdifferenzierten Lernangebotes größtmögliche Gemeinsamkeit erreicht wird.

25 Meyer-Dohm und Schneider 1991: Berufliche Bildung im lernenden Unternehmen und Schneider und Sabel 1998: Handbuch KoKoSS.

5. Weiter sollte untersucht werden, wie die dafür notwendige Koordination der schulischen und betrieblichen Lernorte didaktisch und organisatorisch so zu gestalten sei, dass ein den jeweiligen Lernort übergreifendes, ganzheitliches Lernen in neuer Qualität entstehe. Da in diesem Zusammenhang auch der beruflichen Grundbildung in eine neue Schlüsselfunktion erwächst, war zu fragen, ob sie so eingerichtet werden kann, dass sie die allgemeinen Lernangebote der Sek. 1 mit denen der zunehmenden beruflichen Spezialisierung verbindet."

(Siehe Abschlussbericht des Modell-Schulversuches, Hiberniaschule 1984)

Die Ergebnisse des Modellversuches sind ausführlich dokumentiert und vielfach diskutiert worden. Die pädagogische, methodisch-didaktische und organisatorische Konzeption der Hiberniaschule, die im Zeitraum des Modellversuches (1977–1983) entwickelt und bis heute erfolgreich weitergeführt wurde, ist ebenfalls mehrfach dargestellt.

1.7.2 Pädagogische Wirksamkeit: essenzielle Ergebnisse (Gessler-Studie)

Im Rahmen der wissenschaftlichen Begleitung des Modellversuches wurden auch biografische Bildungsforschungen mit Schülern und ehemaliger Absolventen durchgeführt[26]. Im Hinblick auf die pädagogische Wirksamkeit des Konzeptes und seine bildungspolitische Bedeutung im Hinblick auf Übertragbarkeit seien hier einige essenzielle Ergebnisse zusammengefasst. Auf diese und weitere Aspekte nimmt Jürgen Peters in seinem Beitrag zu den Ergebnissen seiner ehemaligen Befragung detaillierteren und ausführlicheren Bezug:

1. Ein erstes wesentliches Ergebnis des Modellversuchs war, dass es möglich ist, doppelqualifizierende Bildungsgänge so zu gestalten, dass sie von allen Jugendlichen mit Erfolg abgeschlossen werden können.
   Das zeigte schon das quantitative Ergebnis: Von dem Modellversuchsjahrgang (90 Schülerinnen und Schüler) erlangten 95 % einen doppelqualifizierten Abschluss, 56 % davon einschließlich mit allgemeiner Hochschulreife. Die Jugendlichen des Modellversuchs-Jahrganges waren durch keine vorausgehenden Ausleseprozesse gegangen. Ihre soziale Herkunft repräsentierte die umgebende Ruhrgebietsbevölkerung.
   Für den Erfolg des Konzeptes spricht auch, dass diese Quote (95% doppelqualifizierender Abschluss) sich bei steigenden Schülerzahlen bis heute durchgängig gehalten und im Bereich der Studienqualifikationen noch deutlich gesteigert hat.
2. Ein zweites wesentliches Ergebnis war, dass die Integration von beruflicher und allgemeiner Bildung zu einer neuen personalen Lernkompetenz führt, die ziel- und zukunftsorientiert ist. Unter den befragten Ehemaligen war

26 Gessler 1988: Bildungserfolg im Spiegel von Bildungsbiographien.

keiner, der nicht uneingeschränkt hinter dem Modell gestanden hätte. Alle empfanden die vielseitige handwerkliche Grundbildung und die Berufsausbildung als wesentliche Bereicherung für sich, die sie keinesfalls missen mochten. Sie waren überzeugt, dass ihre Fähigkeit zu planvollem Arbeiten auch im geistigen Felde in der handwerklichen Ausbildung angelegt worden sei. Das praktische Lernen vermittelte das Gefühl, zukünftigen Situationen gegenüber gewachsen zu sein und sie selbstständig meistern zu können. Das Konzept der Hiberniaschule fördere Selbstbewusstsein und Selbstsicherheit. Die Jahre der Berufsausbildung wurden zwar als anstrengend erinnert, vermittelten aber den Eindruck, dass sich dies positiv auf die Persönlichkeit Entwicklung ausgewirkt hat. Die Absolventen fanden es auch sehr positiv, zeitweilige Lernschwierigkeiten durchleben zu können, ohne sogleich von Konsequenzen wie „Sitzenbleiben" bedroht worden zu sein.
Wesentlich war ihnen auch das soziale Lernen, dass alle Bereiche insbesondere aber das praktische und künstlerische Tun durchzog. Im praktischen Bereich war es den Hiberniaschülern besonders wesentlich, dass ihre Tätigkeit und die Produkte ihrer Tätigkeit immer auch eine soziale Bedeutung hatten, sie somit lernten, für andere tätig zu sein.
Die breit ausgelegte Bildung an der Hiberniaschule vermittelte die Fähigkeit, fächerübergreifend zu denken, Zusammenhänge unterschiedlicher Bereiche herzustellen, konstruktive Kritik zu üben und bei Detailfragen auch das gesamte Umfeld im Auge zu behalten.
Das Konzept mache lernbegierig, fördere das Interesse an Neuem und der Suche nach eigenständigen Wegen.
Berufswahl, Berufsverständnis aber auch der außerberufliche Handlungsrahmen ehemaliger Hiberniaschüler sind von einem lebendig tätigen Interesse am Menschen und menschlicher Lebensgestaltung geprägt.

3. Ein drittes wesentliches Ergebnis des Modellversuches war, dass dem Konzept der Integration von allgemeiner und beruflicher Bildung eine innovatorische Kraft innewohnt, die zur Entstehung und permanenten Fortentwicklung eines vorgelegten Reformprozesses geführt hat. Dies gilt sowohl nach innen hin, da alle Lernbereiche durch ihre gemeinsame Kooperation für ihre eigene, jeweilige Weiterentwicklung wesentliche der Impuls erhalten, die damit auch fürs Ganze richtungsweisend sind. Dies gilt auch nach außen, da die immer erneute Auseinandersetzung mit aktuellen Bildungsproblematiken mit entsprechenden Entwicklungsimpulsen korrespondiert.

Für das grundsätzliche und uneingeschränkte „Ja" der Absolventen zu ihrer Schule verifiziert Gessler in seiner Ehemaligen-Studie mehrere Gründe und konkretisiert sie im Hinblick auf Übertragbarkeit des Konzeptes zu sieben Voraussetzungen[27]:

---

27 Siehe Gessler 1988 S. 256 ff.

Die Anlage der Schule

Wenn Schülerinnen und Schüler sich in einer Schule wohlfühlen sollen, dann ist eine wesentliche Bedingung, dass sie sich gern auf dem Schulgelände befinden. Zwar wird den meisten Schülerinnen und Schülern das Gesamtgefüge erst spät oder wenig bewusst, doch trägt die ästhetische Gestaltung und das sinnvolle Zueinander der verschiedenen Lernorte (Klassenräume, Werkstätten, Schulgarten, Theatersaal usw.) viel zur Verbundenheit mit der Schule bei.

Textur des Lehrplans

Ebenso muss die Konzeption des Lehrplanes in seiner Sinnhaftigkeit erfahren werden, auch wenn sie von den Schülerinnen und Schülern in der auf Allseitigkeit angelegten horizontalen und vertikalen Verschränkung nicht umfassend und bewusst realisiert werden kann. Durch eine organische Gestaltung der Fülle der Bildungsstoffe aus Theorie, Praxis und Kunst, sodass den Schülerinnen und Schülern die Verbundenheit der Dinge untereinander erlebbar wird, kann ihnen ein Gefühl von Verstehbarkeit, Sinnhaftigkeit und letztlich auch Handhabbarkeit der Erfahrungswelt vermittelt werden.

Gestaltung des Pensums

Dies meint eine mit lernpsychologischen und sozialhygienischen Gesichtspunkten gestaltete Lern- und Arbeitszeit. Der Tages-, Wochen- und Epochenunterricht muss im rhythmischen Wechselspiel von Ein- und Ausatmen, Rezeption und Produktion so organisiert sein, dass den Schülerinnen und Schülern ein konstruktiver und gesunder Umgang mit den Bildungsangeboten ermöglicht wird.

Konferenzarbeit

Wesentlich ist auch eine kontinuierliche und gemeinsame Konferenz- bzw. Bildungsarbeit der beteiligten pädagogischen Fachkräfte. Die pädagogischen Aufgaben der verschiedenen Bereiche müssen kooperativ gestaltet und koordiniert werden. Nur durch ein permanentes Reflektieren, Interpretieren und Zusammenwirken kann für die Schülerinnen und Schüler eine nachhaltig wirksame Integration der Bereiche erlebt werden.

Sinnhaftigkeit und Brauchbarkeit der praktischen Arbeit

Der praktische Umgang mit Materialien vermittelt den Schülerinnen und Schülern wichtige Selbsterfahrungen. Als Bildungsmittel entfaltet die praktische Arbeit ihre pädagogische Fachkraft und Sinnhaftigkeit erst dann, wenn die Schülerinnen und Schüler erfahren, dass durch ihr eigenhändiges

Schaffen etwas entsteht, was außerhalb der Schulwelt brauchbar ist und gebraucht wird.

Wechselspiel von Theorie und Praxis

Ein wesentlicher Aspekt ist das pädagogisch geführte Wechselspiel von Theorie und Praxis. Das Handeln soll immer wieder durch das Denken reflektiert und geprüft werden, umgekehrt muss das Denken immer wieder Anlass zum Handeln sein. Ein wichtiges Element ist hier der schriftliche Arbeitsbericht, der systematisch zum Planungsbericht weiter entwickelt zugleich ein Mittel zur Sprech-, Denk- und Handlungsschulung und deren sinnenergetische Verbindung ist.

Kunst

Ein kaum zu unterschätzendes Element ist in diesem Kontext die Kunst. Einerseits zeichnet sich die künstlerische Tätigkeit durch ein intimes Wechselspiel von Tun und Denken aus, andererseits eröffnet sie immer wieder neue und überraschende Spielräume zwischen den Polen Theorie und Praxis. Dadurch kann die schöpferische Verbindung dieser Pole gerade im Spielraum der Kunst erlebt werden. Wenn diese Spielräume nicht zu eng bemessen sind, können sich die Schülerinnen und Schüler die befreiende und belebende Kraft des Künstlerischen als kreativen Impulsgeber für ihre eigene Entwicklung zu eigen machen.

Im Rückblick nach 40 Jahren beschreiben die ehemaligen Absolventen (Teil II) wie und welche Aspekte besonders nachhaltig in ihrer Biografie gewirkt haben.

Damit stellt sich die Frage nach der Übertragbarkeit in das öffentliche Bildungswesen.

1.7.3 Zur Übertragbarkeit

Trotz der vielfachen Beachtung und Anerkennung, die die Hiberniaschule erfahren hat, ist sie aufgrund ihrer komplexen Entstehungsgeschichte, der gegenwärtigen Strukturen unseres Bildungswesens und der damit verbundenen rechtlichen Situation (Lex Hibernia) ein Unikat geblieben. Dass hier dennoch wertvolle Erfahrungen gesammelt wurden, die auf andere Bereiche teilweise übertragbar sind, ist unbestritten. Luzius Gessler formuliert am Ende seiner Studie über die Bildungsbiografien ehemaliger Hiberniaschüler:

> *„Die Frage nach der Übertragbarkeit des Modells, das die Hibernia-Schule entwickelt hat, ist letztlich keine Frage an die Hibernia-Schule, sondern vielmehr eine Frage nach der Tragfähigkeit und Tragbereitschaft potenzieller neuer Träger. Und die erweiterte Frage nach seiner Übertragbarkeit ins öffentliche Schulwesen wird zur Frage nach der Lebenskraft in den Entwicklungsmöglichkeiten dieses*

öffentlichen Schulwesens und nach der Fähigkeit der „Öffentlichkeit" und der sie vertretenden Schulpolitiker, die heutige Bildungskrise als solche zu erkennen, die Qualität einer Menschenbildung, wie die Hibernia-Schule sie zu vermitteln strebt, zu erfassen und deren entscheidende Bedeutung für die Zukunft des Bildungswesens unserer Gesellschaft zu begreifen."[28]

In Würdigung der Ergebnisse des BLK-Modellversuchs der Hiberniaschule forderte Friedrich Edding, ehemaliger Direktor des Max-Planck-Instituts für Bildungsforschung in Berlin, damals u. a.:

„1. Die Hiberniaschule ist als ein Vorbild für die Entwicklung von Schulen in freier Trägerschaft anzusehen. Schulen dieser Art sollten wegen ihrer Schrittmacherfunktion von den zuständigen Behörden und von Stiftungen in jeder Weise gefördert werden.

2. Staat und Kommunen sollten im Rahmen ihres Trägerschaftbereiches Modellschulen anregen und fördern, die sich an den Grundgedanken der Hibernia-Pädagogik orientieren.

3. Alle allgemeinbildenden Schulen sollten Angebote praktischen Lernens in ihre Lehrpläne aufnehmen. Praktisches Lernen sollte hier in Stundentafeln und Zeugnissen ebenso wie künstlerisches Lernen anerkannt werden.

4. Die zuständigen staatlichen Stellen sollten Studiengänge in den Hochschulen anregen und fördern, die dem Konzept der Hibernia-Pädagogik entsprechen, insbesondere Studiengänge in Verbindung mit dem Beruf, in Intervallen und neben der Berufstätigkeit.

5. Die berufliche Bildung mit ihren Teilinstitutionen der betrieblichen Ausbildung, der beruflichen Schulen, der Fachhochschulen und der beruflichen Weiterbildung sollte unter Aufrechterhaltung der dafür geltenden Trägerschaft als ein Lernweg behandelt werden, der auf besondere Art zu allgemeinen Bildungszielen hinzu führen hat."[29]

Trotz dieses Rufes von renommierter Stelle, der durch eine Reihe von weiteren ebenso positiven Stellungnahmen fortgeführt werden könnte, hat sich trotz vielfach wirksamer Einzelimpulse unser Bildungssystem schwergetan, solche Anregungen strukturell aufzunehmen und zu integrieren. Die bisherige Bildungsreform konnte die bestehende Problemlage nicht auflösen.

Mit M. Baethge:

„Die Bildungsreform verlief vielmehr in der Traditionslinie des Bildung-Schismas und privilegierte die höhere Allgemeinbildung, die in den Folgejahren einen starken Zuwachs an Lernenden verzeichnete. Die systemischen Strukturschwächen

28 Gessler 1988 S. 283.

29 Edding 1985 Praktisches Lernen in der Hibernia-Pädagogik. Eine Rudolf-Steiner-Schule entwickelt eine neue Allgemeinbildung. S. 14.

der Abschottung von beruflicher und allgemeiner Bildung wurde nicht angegangen, sodass am Ende die alten sozialen Spaltungen zwischen beruflich und akademisch ausgebildeten erhalten blieb und durch neue ergänzt wurden."[30]

Die Hiberniaschule war und ist ein wichtiger Impulsgeber für bildungspolitische Reformansätze. Ihre biografische Wirksamkeit zeigt sich eindrucksvollerweise in den Reflexionen ihrer ehemaligen Absolventen.

Literaturverzeichnis

Baethge, Martin (2017a): Alte und neue soziale Ungleichheiten in der Beruflichen Bildung. Online verfügbar unter http://www.bpb.de/gesellschaft/bildung/zukunft-bildung/251708/soziale-ungleichheit?p=all, zuletzt geprüft am 17.6.2020.

Baethge, Martin (2017b): Die Abschottung zwischen allgemeiner und beruflicher Bildung in Deutschland. Hg. v. Bundeszentrale für politische Bildung. Online verfügbar unter http://www.bpb.de/gesellschaft/bildung/zukunft-bildung/251705/bildungs-schisma, zuletzt geprüft am 17.6.2020.

BIBB-Hauptausschuss (1976): Stellungnahme zu „doppelqualifizierenden Bildungsgängen". Online verfügbar unter https://www.bibb.de/dokumente/pdf/HA044.pdf, zuletzt geprüft am 17.6.2020.

BMBF (2018): Bildung in Deutschland 2018. Ein indikatorengestützter Bericht mit einer Analyse zu Bildung und Migration. Bielefeld: wbv. Online verfügbar unter https://www.bildungsbericht.de/de/bildungsberichte-seit-2006/bildungsbericht-2018/pdf-bildungsbericht-2018/bildungsbericht-2018.pdf, zuletzt geprüft am 24.06.2019.

Edding, Friedrich (Hg.) (1985): Praktisches Lernen in der Hibernia-Pädagogik. Eine Rudolf-Steiner-Schule entwickelt eine neue Allgemeinbildung. Stuttgart: Klett-Cotta.

Enderle, Inga; Schneider, Peter (2012): Das Waldorf-Berufskolleg. Entwicklung und Ergebnisse einer neuen Oberstufengestaltung der Waldorfschule. Frankfurt am Main: Peter Lang.

Fintelmann, Klaus J. (1991): Hibernia. Modell einer anderen Schule. Stuttgart: Klett-Cotta.

Freitag, K.-P.; Gabriel, W.; Kieser, T. (Hrsg.) (2018): Lernend arbeiten – arbeitend Lernen. Tagungsdokumentation. Alanus Hochschule Alfter b. Bonn.

Friedrichs, Martin (2019): Berufsbildungsbericht 2019. Online verfügbar unter https://www.bmbf.de/upload_filestore/pub/Berufsbildungsbericht_2019.pdf, zuletzt geprüft am 10.07.2019.

30 Baethge 2017b.

Gessler, Luzius (1988): Bildungserfolg im Spiegel von Bildungsbiographien. Begegnungen mit Schülerinnen und Schülern der Hiberniaschule (Wanne-Eickel). Frankfurt am Main: Lang (Studien zur Bildungsreform, 15).

Meyer-Dohm, Peter; Schneider, Peter (Hg.) (1991): Berufliche Bildung im lernenden Unternehmen. Neue Wege zur beruflichen Qualifizierung. 1. Aufl. Stuttgart: Klett-Verl. für Wissen und Bildung.

Neuer Bildungsansatz: Waldorfschulen setzen auf Doppelqualifikation – Bund der Freien Waldorfschulen. Online verfügbar unter https://www.waldorfschule.de/artikel/neuer-bildungsansatz-waldorfschulen-setzen-auf-doppelqualifikation/#main-content, zuletzt geprüft am 10.07.2019.

Nida-Rümelin, Julian (2014): Der Akademisierungswahn. Zur Krise beruflicher und akademischer Bildung. 1. Aufl. Hamburg: Edition Körber-Stiftung.

Nida-Rümelin, Julian; Zierer, Klaus (2015): Auf dem Weg in eine neue deutsche Bildungskatastrophe. Zwölf unangenehme Wahrheiten. Freiburg, Br.: Herder.

PISA-Studie – Organisation for Economic Co-operation and Development. Online verfügbar unter http://www.oecd.org/berlin/themen/pisa-studie/, zuletzt geprüft am 10.12.2019.

Rist, Georg; Schneider, Peter (1990): Die Hiberniaschule. Von der Lehrwerkstatt zur Gesamtschule: Eine Waldorfschule integriert berufliches und allgemeines Lernen. 1. Aufl. Berlin: Volk u. Wissen.

Schneider, Peter; Sabel, Martin (1998): Handbuch „KoKoSS“ – kontinuierliche und kooperative Selbstqualifikation und Selbstorganisation. 1. Aufl. Bielefeld: Bertelsmann (Lernen und Arbeiten im Team, Bd. 2).

SPIEGEL (1980): Mittlere Reife plus Gesellenbrief. In: *SPIEGEL ONLINE*, 05.05.1980. Online verfügbar unter https://www.spiegel.de/spiegel/print/d-14331452.html, zuletzt geprüft am 07.07.2019.

Steiner, Rudolf (1991a): (GA 192) Geisteswissenschaftliche Behandlung sozialer und pädagogischer Fragen. Siebzehn Vorträge, gehalten in Stuttgart zwischen dem 21. April und 28. September 1919, darunter: „Drei Vorträge über Volkspädagogik“. 2. Aufl. Dornach/Schweiz: Rudolf-Steiner-Verl. (Gesamtausgabe, 192).

Steiner, Rudolf (1991b): (GA 306) Die pädagogische Praxis vom Gesichtspunkte geisteswissenschaftlicher Menschenerkenntnis. Dornach/Schweiz: Rudolf-Steiner-Verl. (Gesamtausgabe, 306).

UNESCO: Bildungsagenda 2030 Aktionsrahmen für die Umsetzung von Sustainable Development Goal 4. Inklusive, chancengerechte und hochwertige Bildung sowie lebenslanges Lernen für alle; Kurzfassung der Deutschen UNESCO-Kommission. Online verfügbar unter https://www.unesco.de/sites/default/files/2018-01/Bildungsagenda%202030_Aktionsrahmen_Kurzfassung_DeutscheVersion_FINAL.pdf, zuletzt geprüft am 03.07.2019.

Teil II: Ergebnisse der Studie „Fürs Leben gelernt“

Eine Befragung von Ehemaligen der Hiberniaschule

Jürgen Peters

2.1 Die Hiberniaschule

Die aktuelle Befragung der Ehemaligen 40 Jahre nach dem Start des Modellversuchs zeigt, dass dieser besondere Ansatz der Hiberniaschule im Leben der ehemaligen Schülerinnen und Schüler bedeutsame Spuren hinterlassen hat, die vorab wie folgt zusammengefasst werden können:

Durch das berufliche Lernen kam „ein ganz neuer Ernst in die Sache", als „schnuppere man zum ersten Mal am richtigen Leben".

Die „Autorität der Sache" führt zu Disziplin und Leistungsbereitschaft und damit zu einem begründeten Selbstbewusstsein.

Durch die Begegnung mit den „Meistern", Lehrerpersönlichkeiten, die sich im beruflichen Leben außerhalb des Biotops Schule – Hochschule – Schule bewährt hatten, entsteht für die Schülerinnen und Schüler ein authentischer Weltbezug.

Durch den Sozialbezug der Arbeit (Notwendigkeit und Brauchbarkeit des Produktes) wird der Wert der Arbeit als Leistung für andere erfahren.

Damit verbunden ist auch eine soziale Leistungskultur (gegenseitige Hilfe und Teamarbeit) gefördert, die als Teil des Berufes eingeübt wird.

Und schließlich ist die bedeutende Rolle der Kunst zu nennen, die es ermöglicht, sich aus einem fremden Blickwinkel zu sehen und, neben dem zweckrationalen Denken und Handeln, auch ein schöpferisches Tun kennenzulernen, das auf eigenen Gesetzen und Maßstäben beruht.

In einer Zeit der Fragmentierung der Gesellschaft und der Entbindung von Normen kommt der Sozialisation und dem Aufbau von Gemeinschaften aus Freiheit, zum Beispiel im Klassenverband der Waldorfschulen, eine besondere Bedeutung zu. Zweites wird durch den Ansatz der Hiberniaschule die Arbeit als Erziehungsmittel eingesetzt, indem sie als Arbeit für andere erfahren wird und damit eine Ausrichtung auf den anderen erfährt. Der Beruf wird dabei zum Königsweg der Arbeit.

Die Hiberniaschule hat sich von einer industriellen Lehrwerkstatt zur Gesamtschule eigener Art entwickelt, mit einer eigenen, staatlich anerkannten, Prüfungsordnung. Dieser einmalige Weg mit seinen spezifischen Stufen wurde bereits ausführlich dokumentiert.[1]

Grundlage der Bildungsstudien und der vorliegenden Veröffentlichungen war der staatlich geförderte Modellschulversuch des damals höchsten Abstimmungsgremiums zwischen Bund und Ländern, der Bund-Länder-Kommission für Bildungsplanung und Forschungsförderung: praxisnahe Entwicklung

1 Peter Schneider, Die Biografie einer Idee – Klaus J. Fintelmann und die Hibernia-Pädagogik in: Friedrich Edding, Cornelia Mattern, Peter Schneider (Hrsg.): Praktisches Lernen in der Hibernia-Pädagogik. Stuttgart 1985.

doppelqualifizierender Bildungsgänge im Lernortverbund in der Oberstufe der Hiberniaschule und Wissenschaftliche Begleitung (1.8.1977–31.7.1983, siehe Abschlussbericht des Modell-Schulversuches, Hiberniaschule 1984, auf den im Folgenden Bezug genommen wird). Der Modell-Schulversuch führte zu dem Ergebnis, dass von dem Modellversuchsjahrgang (90 Schülerinnen und Schüler) 95 % einen doppelqualifizierten Abschluss erlangten, 56 % davon einschließlich mit allgemeiner Hochschulreife. Die Jugendlichen des Modellversuchs-Jahrganges waren durch keine vorausgehenden Ausleseprozesse gegangen, sie waren in ihrer sozialen Herkunft repräsentativ für die umgebende Ruhrgebietsbevölkerung. Der Modell-Schulversuch gab der Hiberniaschule die Gelegenheit, vorhandene Fehlentwicklungen zu korrigieren, die Berufsausbildung zu aktualisieren und in stimulierende Korrespondenz mit der allgemeinen Schul- und Bildungsdiskussion weiterzuentwickeln. Dies führte unter anderem dazu, dass Methoden und Ergebnisse des Modellversuches in die industrielle (zum Beispiel Volkswagen AG) und handwerkliche Berufsausbildung transferiert wurden, in Zusammenarbeit mit dem Bundesinstitut für Berufsbildung (BIBB). Formen und Methoden der Teamarbeit sowohl bei Ausbildern wie bei Auszubildenden, selbstständigkeitsfördernde und qualifikationsorientierte Lernverfahren und auch die Kreativitätsschulung unter Einschluss künstlerischer Lernangebote, wurden mit dem methodischen Ansatz der „Kontinuierlichen und Kooperativen Selbstqualifizierung und Selbstorganisation" (KOKOSS) entwickelt und umgesetzt.[2]

Die wissenschaftliche Begleitung des Modellversuches war in das Kollegium integriert, mit dem Ziel einer intern-kritischen Bewusstseinsbildung, wobei die wöchentlich stattfindenden Lehrerkonferenzen hierzu ein besonders geeignetes Instrument waren, sie initiierte die damit verbundenen Weiterbildungsveranstaltungen des Kollegiums, begleitete die Entwicklung und dokumentierte die Ergebnisse der insgesamt 250 Veranstaltungen und Sitzungen, manchmal ganztägig, während der Modellversuchszeit[3]. Dadurch wurde auch erreicht, dass wenigstens ein Teil des Kollegiums sich befähigte, an dem wissenschaftlichen Prozess des Modellversuchs aktiv teilzunehmen. Die damals Prozess begleitend mit dem Kollegium gemeinsam weiterentwickelte Struktur des Bildungsganges, seine Methoden und Ziele, gelten im Wesentlichen bis heute, sodass die Aussagen der im Folgenden befragten Absolventen dieses doppelqualifizierenden Bildungsganges bis heute aktuelle Gültigkeit haben. Theoretische Grundlagen sind die Publikation von Rist/Schneider, die 1977 zur Antragstellung vorgelegt wurde, die Ergebnisse der Evaluation der wissenschaftlichen Begleitung sowie weitere Veröffentlichungen.

2 KOKOSS-Schriftenreihe des Bundesinstitutes für Berufsbildung.
3 Siehe Abschlussbericht Hiberniaschule 1984.

Dies gilt insbesondere für die Evaluation des Bildungserfolges der Hiberniaschüler des Modellversuchsjahrganges 1977–1983 mittels der damals eingesetzten Methode des „biografischen Gesprächs“, eine ausführliche Begründung und Darstellung dazu findet sich bei Luzius Gessler: Bildungserfolg im Spiegel von Bildungsbiografien. Ebenso ist von Angelika Hüffel der Bildungserfolg von damals (1977) schon ehemaligen Hiberniaschülern ausführlich dokumentiert und liegt im Rahmen des Abschlussberichtes vor. Angelika Hüffel gab damals ihrer Dokumentation den Titel: „Fürs Leben gelernt“, der hier auch für die aktuelle Untersuchung übernommen wurde.

Für die wissenschaftliche Begleitung bestand besonders die Aufgabe, die qualitativen Auswirkungen eines doppelqualifizierenden Bildungsgangs zu erfassen. Dazu musste ein besonderes Instrumentarium gefunden werden. Die üblichen statistisch-quantitativen Verfahren schienen der damaligen wissenschaftlichen Begleitung nicht geeignet, komplexe und prozessuale Zusammenhänge und Entwicklungen zu erfassen. Zu wenig lässt sich mit ihrer Hilfe die Lebensbedeutsamkeit von Lernprozessen verstehen. Dazu erschien vielmehr damals nur die „biografische Methode“ brauchbar, bei der durch beobachtende Begleitung und wiederkehrende Befragung der Schüler des Modellversuchsjahrganges erkundet wurde, wie die „Doppelqualifizierung“ sich in der Lernentwicklung der Lernenden auswirkt, welche Bedeutung sie insbesondere für ihre personale Entfaltung hat und wie sie von den Schülern selber angenommen und beurteilt wird. Die gesamten Ergebnisse, einschließlich der detaillierten methodischen Begründung, liegen im Abschlussbericht vor, ein Teil davon, sieben biografische Interviews, sind von Lucius Gessler veröffentlicht, auf diese wird im Folgenden Bezug genommen. Ein Vorläufer war bereits 1975/76 von Rist/Schneider anfänglich erprobt worden. Vergl.: „Erfahrungen in der Vermittlung von Lernkompetenz: Vier Lernbiografien ehemaliger Schüler“[4].

Es sei darauf hingewiesen, dass das Konzept Lernen und Arbeiten in seiner Form als Doppelqualifikation auch für die anderen berufsbildenden Waldorfschulen (Kassel, Nürnberg, Waldorf Berufskollegs etc.) Gültigkeit besitzt. Dies trifft auch in etwas eingeschränkter Form auf die Waldorf-Berufskollegs zu, die ebenfalls empirisch untersucht wurden[5]. Der Hiberniaschule kommt damit in dieser Untersuchung eine exemplarische Bedeutung zu.

---

4 A. a. O., S. 329ff. bzw. Gessler S. 38f.

5 Peters/Schneider 2016.

2.1.1 Aktuelle Befragung

Die im Herbst 2017 durchgeführte Befragung der Ehemaligen der Hiberniaschule hatte das Ziel, die Bedeutung der integrierten Berufsausbildung für den weiteren biografischen Verlauf (1983–2017) in einem offenen Ansatz zu untersuchen. Die zentrale Frage war: Wie schätzten die Ehemaligen die Doppelqualifikation im Rückblick auf ihr bisheriges Leben ein und welche besondere Bedeutung kam dabei der beruflichen Qualifikation zu? Welche Erfahrungen haben die Ehemaligen rückblickend in der Orientierungsphase in Kl. 7–10 und der Berufsausbildung in Kl. 11–12 gemacht?

Zwei Gründe sprachen dafür, den Pilotjahrgang der Hiberniaschule zu untersuchen, der die Schule 1983 mit dem Abitur abschloss (nach der Berufsausbildung folgte in Kl. 13 und 14 noch eine Kollegstufe, die zur Hochschulreife führte). Zum einen waren sieben Absolventen aus dieser Gruppe bereits direkt nach ihrem Abschluss befragt worden[6]. Zum anderen haben diese Absolventen den größtmöglichen Abstand zur eigenen Schulzeit im Rahmen der besonderen Prägung der Hiberniaschule und können somit auf eine lange biographische Phase ihres Lebens zurückschauen (35 Jahre).

2. 1.2 Empirischer Kontext

Ehemaligenstudien von Waldorfschülern wurden bereits mehrfach unternommen. Bis 1980 gab es keine über einzelne Schulen hinausgehende oder über die weitere Wahl einer Ausbildung und eines Berufs. Innerhalb Deutschlands liegen neben der schon erwähnten Studie von Gessler[7], auf die später noch genauer eingegangen wird, noch zwei weitere Studien aus den 80er Jahren vor.

Ziel der Studie von Hofmann war es, die weiteren Bildungsgänge der Schüler aus den Jahrgängen 1946/47 zu erfassen, unabhängig von der Verweildauer der Schüler[8]. Anfang der Fünfziger Jahre gab es 22 Waldorfschulen, davon haben aus 17 Schulen 2300 Ehemalige an der Studie teilgenommen. Positive Rückmeldungen gab es dabei vor allem für den fehlenden Leistungsdruck in den ersten 8 Jahren und die Chancengleichheit innerhalb der Schule. In Hinblick auf die eigenen Berufserfahrungen würdigten die Absolventen vor allem die musische Förderung und die Vorbereitung auf künstlerische Berufe. Auf den handwerklichen Unterricht schauten die Befragten insgesamt zwar ebenfalls positiv zurück, wobei keine konkreten Zusammenhänge zur persönlichen beruflichen Entwicklung hergestellt wurden.

6 Gessler 1988.
7 A.a.O.
8 Hofmann et al., 1981.

Die zweite Studie aus den 80er Jahren wurde von Brater und Wehle an der Freien Waldorfschule Kassel durchgeführt und bezog sich zum Teil auch auf den 1972 vergebenen doppelt qualifizierenden Abschluss[9]. An der Fragebogenerhebung aller Schüler, die seit 1972 die Schule mit 12 oder mehr Schuljahren verlassen hatten, haben insgesamt 173 Ehemalige teilgenommen: 35 Werkstattberufe, 54 Erzieher und 73 „Nur-Schüler". In Hinblick auf den Bildungslebenslauf zeigte sich, dass die Absolventen sich als stark arbeitsinhaltlich orientiert, innovationsfreundlich und relativ gleichgültig in Bezug auf Karriere verstehen. Dabei sind sie positiv motiviert auf den Tätigkeitsinhalt gerichtet und bereit, ausgetretene Wege auch zu verlassen. Die drei differenzierten Gruppen (Werkstatt, Erzieher, Nur-Schüler) wiesen dabei deutliche Unterschiede auf. Die „Nur-Schüler" scheinen weniger mit Schulstress, Schulangst und Konkurrenz als mit der Sorge, das Abitur (sofern sie zu der entsprechenden Gruppe gehören) zu bestehen, Probleme zu haben. Die „Werkstatt-Schüler" äußern Kritik an Mängeln der bisherigen Ausbildung, bekräftigen aber grundsätzlich das integrierte Ausbildungsmodell und plädieren für seine Intensivierung.

Weiterhin stellte sich heraus, dass die Absolventen mit Werkstattausbildung dazu tendieren, weitere theoretische Ausbildungen anzufangen. Umgekehrt zeigte es sich, dass die Abiturienten sich in relativ großer Zahl nicht am akademischen Status festhalten wollten, sondern sich weiteren „praktischeren Ausbildungen" zuwendeten.[10]

Besonders auffällige Abweichungen gab es bei der Frage, ob für die berufliche Zukunft eher die Sicherheit oder die Aufstiegschancen im Vordergrund stehen. Hier zeigten sich die Werkstattabsolventen am risikofreudigsten.

In einer offenen Frage[11] gaben die Befragten insgesamt die folgenden positiven Auswirkungen des Kasseler Bildungswegs auf ihr Privatleben an (in Klammern gültige Prozentangaben der Nennungen):

- Allgemeine Interessenserweiterung (30,9%),
- Allgemeine positive Feststellungen (12,7%),
- Handwerkliche Anregungen (14,5%),
- Künstlerische Anregungen (14,5%),
- Erleben einer Verringerung von sozialer Distanz von intellektuell und praktisch Arbeitenden (18,2%),
- Entwicklung von Basiskompetenzen wie Ausdauer, Selbstsicherheit und Identitätsbildung (16,4%).

---

9 Brater/Wehle 1982.
10 Brater 1982, S. 36.
11 Brater 1982, S. 148.

Dies deutet darauf hin, dass der Hauptaspekt aus Sicht der Ehemaligen weniger auf den konkret gelernten Fertigkeiten lag als auf den Wirkungen, die sich für die persönliche Weiterentwicklung daraus ergaben. In den folgenden Jahren fanden zwölf weitere Modellversuche und Studien zur Doppelqualifikation in Hessen und auch in anderen Bundesländern statt, worin die Studienergebnisse zum Teil einflossen.

Schopf-Beige befragte 2004 insgesamt 19 ehemalige Waldorfschüler nach verschiedenen Jahrgängen, nach deren Berufsverlauf und der Befähigung, die sie dazu aus ihrer Schulzeit mitgenommen hatten[12]. In den Porträts erscheinen unabhängig von Begabungen und Berühmtheit „gestandene“ Persönlichkeiten, die sich gut im Leben zurechtfinden. Insbesondere wird der Waldorfschule attestiert, dass durch die ausgleichenden Wirkungen ihrer Erziehung die verschieden veranlagten Kinder eine gleiche Chance erhalten, ihre Veranlagung auch zu entwickeln.

Die neueste und wohl auch umfangreichste Ehemaligenbefragung wurde 2007 von Barz und Randoll vorgelegt. Die Waldorfschulbewegung hatte ab den 70er Jahren einen deutlichen Zuwachs bekommen. Um den unterschiedlichen Entwicklungszeiträumen Rechnung zu tragen, wurden in der Untersuchung drei Kohorten mit den Geburtsjahrgängen: 1938–42, 1945–54 und 1967–74 ausgewählt und Ende 2004 befragt. Von 3.500 versandten Fragebögen kamen 1124 zurück. Was einer Rücklaufquote von 32,1% entspricht. Vorausgegangen waren 24 qualitative Einzelfallgespräche und 6 Gruppendiskussionen. Die Befragung hatte die folgenden Aspekte zum Inhalt:

- Berufliche Entwicklung,
- Lebensorientierungen,
- Religiöse und spirituelle Orientierung,
- Gesundheitsempfinden,
- Die Zeit in der Schule,
- Urteile über ihre Schule,
- Biografische Wirkungen.

Die Befunde aus dieser Studie deuten darauf hin, dass auffällig viele Waldorf-Absolventen ins Gesundheitswesen gehen, werden Arzt oder Krankenschwestern. Der soziale Bereich mit Lehrern und Kindergärtnern ist ebenfalls überrepräsentiert. Dagegen ist der naturwissenschaftlich-technische Bereich, aber auch der ökonomisch-wirtschaftliche deutlich unterrepräsentiert, was gravierende Fragen zur Berufswahl und zur gesamtgesellschaftlichen Einbindung der Waldorfschule aufwirft, vergleiche dazu etwa Schneider: Ursprung und Ziel der Waldorfschule: eine notwendige Besinnung[13]. Dies ist bei den

12 Schopf-Beige 2004.

13 In: Horst Philipp Bauer/Peter Schneider 2017 (Herausgeber): Waldorfpädagogik. Perspektiven eines wissenschaftlichen Dialoges.

Hibernia-Absolventen anders, hier werden verstärkt auch technische Berufe gewählt, sodass ein Zusammenhang zwischen curricularem Angebot und späterer Berufswahl der Schüler vermutet werden kann. Sofern die Waldorfschulen nicht nur für eine bestimmte Klientel oder für bestimmte Berufe sich zuständig fühlen, sollten hier genauere Untersuchungen vorgenommen werden, damit das schöpferische Potenzial der Waldorfschüler auch in den informationstechnischen und ökologischen Bereichen der Gesellschaft fruchtbar werden kann. Das Vorurteil, Waldorfschüler seien wenig lebenstüchtig, weil sie in einer isolierten Umgebung geschult würden, kann von der Studie nicht bestätigt werden. Die Absolventen müssten eher als „sehr selbstsichere Persönlichkeiten" beschrieben werden, die den Willen hätten, „Dinge aktiv zu verändern". Die Studie zeigt auch, dass die Waldorfschulen keine Kaderschmieden für Anthroposophen sind. Nur 14 Prozent der Befragten kamen aus anthroposophischen Elternhäusern und fühlten sich auch nach ihrer Schulzeit von der Lehre Rudolf Steiners angesprochen. Auf der anderen Seite ist die Waldorfschule aber auch keine Schule für „Arbeiterkinder" mehr wie es die erste von Emil Molt unter der Leitung von Rudolf Steiner gegründete Waldorfschule es war: Von den 254 Kindern bei der Eröffnung der ersten Waldorfschule waren 191 Arbeiterkindern und 65 (25,6%) Kinder aus wirtschaftlich bessergestellten Familien, die der Anthroposophie nahestanden. Der Anteil der anthroposophisch orientierten Eltern ist im Vergleich gesunken, auf der anderen Seite ist aber auch der Anteil der „Arbeiterkinder" deutlich gesunken, wie die aktuelle Studie von Koolmann, Petersen und Ehrler zeigt. Demnach stehen rund 60% der Eltern von Waldorfschülern in einem Angestelltenverhältnis, etwa 27% sind selbstständig und rund 7% sind verbeamtet. Allein 4% sind als Arbeiter oder in der Landwirtschaft beschäftigt (Koolmann et al., Kap. 3, 2018 i.E.). Auch hier unterscheidet sich die Hiberniaschule markant: 27 % der Haushaltungsvorstände der rund 700 Elternhäuser sind Arbeiter, 43 % Angestellte und Beamte in mittleren Positionen, 18,5 % Selbstständige und 9 % haben akademische Berufe. Unter dem Aspekt des Bildungsabschlusses ergibt sich die folgende Gliederung: etwa 50 % mit Volks- bzw. Hauptschulabschluss, etwa 38 % mit mittlerem Bildungsabschluss, etwa 12 % Abitur und Hochschulstudium. In diesen Zahlen spiegelt sich auch der Charakter einer Umgebungsschule wider, die in einer nicht privilegierten industriell geprägten Umgebung liegt (Rist/Schneider1977, S. 13).

Ein Vergleich mit dem Bundesdurchschnitt gibt Aufschluss darüber, dass Eltern, deren Kinder sogenannte sonstige allgemeinbildende Schulen besuchen – also etwa eine Schule mit mehreren Bildungsgängen, eine Gesamtschule, eine Waldorfschule oder auch eine Förderschule – zu ca. 15% ein Fachhochschul- bzw. Hochschulstudium abgeschlossen, zu etwa 53% eine Lehre bzw. eine Berufsausbildung im Dualen System absolviert sowie ca.

1% als höchsten Bildungsabschluss eine Promotion haben.[14] Das Statistische Bundesamt kommt nach Auswertung des Mikrozensus 2015 zu dem Schluss, dass das Bildungsniveau der Eltern nach wie vor die Wahl der weiterführenden allgemeinbildenden Schule für ihre Kinder beeinflusst. Kinder unter 15 Jahren, deren Eltern selbst einen hohen Bildungsabschluss haben, besuchten im Jahr 2015 mit 61% mehrheitlich das Gymnasium. In einer Pressemitteilung heißt es: „Der Besuch einer Realschule oder einer Schule mit mehreren Bildungsgängen (jeweils 18%) stellt für Kinder hochgebildeter Familien dagegen seltener eine Alternative dar. Der Hauptschulbesuch ist von untergeordneter Bedeutung (3%). Je niedriger der Bildungsabschluss der Eltern, umso seltener fällt beim Schulbesuch der Kinder die Wahl auf ein Gymnasium. Für Kinder von Eltern mit mittlerem Bildungsniveau spielt die Realschule (35%) die größte Rolle, nur 30% besuchen das Gymnasium. Ein fast ebenso großer Teil der Kinder (28%) lernt an einer Schule mit mehreren Bildungsgängen. Die Hauptschule wird selten gewählt (7%). Bei Kindern niedrig gebildeter Eltern stellt der Hauptschulbesuch dagegen kein Randphänomen dar. Zwar besucht ein Drittel der Kinder von Eltern mit niedriger Schulbildung die Realschule, dicht gefolgt von Schulen mit mehreren Bildungsgängen (31%). Für 22% dieser Kinder ist jedoch die Hauptschule die bevorzugte Alternative. Nur jedes siebte Kind besucht ein Gymnasium (14%).“[15]

Die Untersuchungen von Holderegger in der Schweiz[16] und auch diejenige von Mitchel und Gerwin in den USA[17], die sich beide an die Befragung von Barz und Randoll anlehnten, lieferten im Wesentlichen vergleichbare Ergebnisse, auf die vorliegenden Unterschiede wird nicht weiter eingegangen, weil dies einen Vergleich der Schulsysteme der verschiedenen Länder implizieren wurde. Deshalb seien hier ähnliche Untersuchungen aus Skandinavien wie Dahlins Studie in Schweden[18], Hansen Untersuchung in Norwegen[19] und die Studie von Jensen in Dänemark[20] nur erwähnt, weil sie die vorgenannten Befunde generell bestätigen beziehungsweise länderspezifische Aspekte stärker berücksichtigen.

Insgesamt wird den Waldorfschulen in Deutschland von ihren ehemaligen Schülerinnen und Schülern ein sehr positives Zeugnis ausgestellt. Dies gilt auch für die handwerklich-praktische Ausbildung an der Waldorfschule,

---

14 Statistisches Bundesamt: Bildungsstand der Bevölkerung 2014, Wiesbaden 2014, S. 31.

15 Statistisches Bundesamt: Pressemitteilung vom 8.9.2016: Bildung der Eltern beeinflusst die Schulwahl für Kinder.

16 Holderegger 2001.

17 Mitchell/Gerwin 2007.

18 Dahlin 2007.

19 Hansen 2003.

20 Jensen et al 2012.

obwohl diese meist mit den künstlerischen Tätigkeiten zusammengefasst wird. Jüngere Ehemaligenbefragungen, die das Spezifische der Doppelqualifikation, also neben der Hochschulreife einen anerkannten Berufsabschluss, in den Fokus nehmen, liegen derzeit nicht vor, was die Durchführung einer erneuten Befragung der Hibernia-Pilotklasse entscheidend motivierte.

Die Fragestellung wurde also immer deutlicher: Was also ist das „innovatorische Plus", das eine waldorfpädagogische Berufsausbildung für die spätere Lebens- und Berufsbefähigung erbringt?

2.2 Vorgehensweise der aktuellen Ehemaligenbefragung

Um die Ehemaligen möglichst offen zu befragen, wurden narrative Interviews durchgeführt. Die Pilotklasse bestand aus 90 Schülern. Sieben davon waren damals durch Gessler[21] direkt nach dem Schulabschluss interviewt worden. Das Ziel der aktuellen Studie „Fürs Leben gelernt" war es, möglichst viele von diesen Erstinterviewten aufzufinden und erneut zu befragen. Dies gelang in drei Fällen, zwei weitere Interviews aus der Pilotklasse und zwei aus der Folgeklasse ergaben dann zusammen die Stichprobe von 7 narrativen Interviews, die durch ein Experteninterview mit einer damaligen Lehrkraft die Gesamtzahl von 8 narrativen Interviews ergab, die von Juli bis Oktober 2017 durchgeführt wurden.

Die Erzählaufforderung lautete: *„Wenn Sie an Ihre Zeit als Schüler/Schülerin an der Hiberniaschule denken, welche für Sie bedeutsamen Erfahrungen, die später für Ihr Leben wichtig waren, kommen Ihnen dann in den Sinn?"*

Dazu kamen die folgenden exmanenten Nachfragen, falls die Themenbereiche nicht schon bereits durch die Narration der Befragten ausführlich zur Sprache kamen:

> *Wie ist Ihr weiterer beruflicher Weg verlaufen und welche Bedeutung hatte dabei die spezifische Hiberniabildung aus heutiger Sicht?*
> *Welche Bedeutung hatte die Hibernia-spezifische praktische Ausbildung für Ihre Persönlichkeitsentwicklung allgemein?*
> *Was hat Ihnen aus heutiger Sicht an der Hiberniaschule gefehlt?*
> *Hat es Dinge in Ihrer Schulzeit gegeben, die Ihnen aus heutiger Sicht den Blick auf bestimmte Aspekte des Lebens verstellt haben?*
> *Gab es bestimmte Lebenssituationen, in denen Sie auf konkrete Schulerfahrungen zurückgegriffen haben?*
> *Gab es Wendepunkte in Ihrem Leben? Wie sind Sie damit umgegangen?*
> *Was würden Sie einem neuen Pilotprojekt an der Hiberniaschule, worin die berufliche Ausbildung gestärkt werden soll, mit auf dem Weg geben?*
> *Wenn Sie Ihre Schulerfahrungen in ein Bild verdichten sollten, wie würde dies aussehen?*

---

21 Gessler 1988.

Der Verlauf der Interviews zeigte, dass die Erzählaufforderung von allen Interviewpartnern gut aufgegriffen werden konnte und zu einer längeren Narration führte. In den meisten Fällen konnten die oben aufgelisteten Fragen dann durch immanente Nachfragen vertieft werden. Alle Interviews wurden vollständig transkribiert.[22]

Die Analyse erfolgte mithilfe der Grounded Theory. Alle Interviews wurden zunächst offen codiert. Die gefundenen Kategorien wurden dann axial über alle Interviews zu Themengruppen zusammengefasst, zu denen schließlich selektiv nach weiteren Verdichtungen und Differenzierungen im gesamten Interviewmaterial gesucht wurde. Fallspezifische Strukturen wurden dabei erst in zweiter Linie zur Differenzierung berücksichtigt, im Vordergrund der Analyse standen Bedeutungsmuster, die sich bei allen Interviewten in mehr oder weniger ausgeprägter Form nachweisen ließen.

2.2.1 Übersicht über die Ergebnisse

Die Ergebnisse beziehen sich zum einen auf Merkmale, die an allen Waldorfschulen vorkommen und zum anderen auf die hibernia- und waldorfspezifische Integration der beruflichen Orientierung in den Klassen 7 bis 10 und der Berufsausbildung in Klasse 11 und 12. Dabei wurde deutlich, dass der handwerklich-praktischen Tätigkeit eine besondere Bedeutung für eine Individualisierung der Lernprozesse zukommt, insbesondere weil durch das berufliche Lernen Widerstandsfähigkeit (Resilienz) und Nachhaltigkeit im sozialen Kontext veranlagt: Beruf wird hier verstanden als exemplarische Kompetenz, in qualifizierter Weise etwas Notwendiges für Andere zu tun.

In Kapitel 3 kommen die Ergebnisse zur Waldorfpädagogik allgemein zur Darstellung, die den folgenden Themen zugeordnet werden können:

Geborgenheit an der Schule
Lehrerpersönlichkeiten
Vielfalt und Lebendigkeit
Klassenfahrten
Kunst und Handwerkliches

Man könnte hier vom allgemeinen waldorfpädagogischen Sockel, wie er allen Waldorfschulen zu eigen ist, als Grundlage des hiberniaspezifischen und doppelqualifizierenden Weges sprechen. Die hibernia- und waldorfspezifischen Aspekte der beruflichen Bildung (Kapitel 4) lassen sich in den folgenden weiteren Kategorien zusammenfassen:

Die besondere Lernqualität durch das handwerkliche Tun
Der Kontakt mit der außerschulischen Arbeitswelt

---

22 Die Transkriptionen wurden vom Transkriptionsbüro Raue durchgeführt.

Die Entwicklung individualisierter Strategien
Umgang mit Widerständen
Die gesellschaftliche Bedeutung des Handwerklichen

Wie oben schon beschrieben, gilt das Konzept Lernen und Arbeiten als Doppelqualifikation auch für die anderen berufsbildenden Waldorfschulen (Kassel, Nürnberg, Waldorf Berufskollegs etc.). Daher sind die festgestellten positiven Effekte vermutlich auch dort wirksam.

In Kapitel 5 wird auf die Aussagen zu Versäumnissen und Empfehlungen eingegangen und Kapitel 6 enthält die Charakterisierung der Schulerfahrungen durch ein Bild.

In Kapitel 7 sind schließlich zwei Kurzporträts von Persönlichkeiten wiedergegeben, die vor 35 Jahren bereits von Luzius Gessler[23] interviewt wurden. Es folgen in Kapitel 8 Zusammenfassung und Fazit.

2.3 Allgemeine waldorfpädagogische Aspekte

2.3.1 Lehrerpersönlichkeiten

Die Lehrer und Lehrerinnen erfahren eine große Würdigung von den Ehemaligen. Zunächst einmal wir d ins Feld geführt, dass die Lehrkräfte sich als Personen „gezeigt" haben. Denn davon haben die SchülerInnen profitiert:

> *„Also wie gesagt immer das Persönliche der Lehrer selber ist für mich das, was meiner Meinung nach diesen Erfolg gebracht hat."* [I4: 721]

Zudem bietet das Zeigen von Konturen nicht nur Orientierung, sondern auch Verlässlichkeit:

> *„…wie überhaupt ich fand, dass die Lehrer sozusagen in den meisten Fällen […] wie soll ich sagen, sie waren, sie hatten Konturen, sie hatten so starke Konturen, man wusste irgendwie da geht's da lang und auf der anderen Seite geht es da lang und da ist es so und das war auch eine gewisse Verlässlichkeit"* [I7: 190–200].

Die liebevolle Strenge ist ein weiterer Aspekt, der immer wieder in den Interviews angesprochen wurde:

> *„Das war also wirklich sehr familiär und das schafft auch eine gewisse Bindung auch zum Lehrer. Die ich, und das kann ich mir nur so vorstellen heute an einer öffentlichen Schule wahrscheinlich zu keinem Lehrer haben würde. Weil das sehr, sehr persönlich gewesen ist. Der ist streng gewesen. Der hat richtig geschimpft. Der hat einen auch da mal gepackt, wo es richtig weh tut. Aber der hat das immer wieder geschafft pädagogisch einen, ich sage mal nicht kaputt zu machen".* [I4: 3200]

23 Gessler 1988.

Und schließlich erfolgt das Lernen angstfrei und ohne Druck, eine Voraussetzung ist allerdings das „Berührtwerden":

> *„Also es musste mich wirklich etwas, ja, mich muss das wiederum berühren, ja. Ich habe auch sonst gar nicht verstanden."* [I6: 71–80]

Dies bedeutet, dass es den Lehrkräften gelungen ist, die Unterrichtsthemen in einer Weise an die Schüler und Schülerinnen heranzubringen, dass eine Verbindung zu dem jeweiligen Thema herstellt. Die Verknüpfung von „berührt werden" und Verstehen ist dabei wesentlich, denn nur so kann das Verstehen mit einer inneren Anteilnahme und aus einem eigenen, intrinsischen Interesse vollzogen werden.

2.3.2 Vielfalt und Geborgenheit

Die Erfahrung von Geborgenheit an der Schule ist ein Thema, das sich durch alle Interviews hindurchzieht. „Das ganze Gelände war mein Zuhause", wird von einer Seite charakterisiert, oder ein anderer Interviewpartner spricht von einem Gefühl des Behütetseins: „ganz, ganz stark ein Aufgehobensein". In Einzelfällen führt dies so weit, dass die Schule hier etwas nachliefern kann, was zu Hause vielleicht nicht in ausreichender Weise vorhanden war, wenn zum Ausdruck gebracht wird, man habe sich „wirklich richtig zuhause gefühlt, teilweise mehr als im familiären Zuhause." Diese Heimatempfindungen, die von den Interviewten beschrieben werden, stellten sich meist unmittelbar in den ersten Tagen an der Schule ein und zielen letztlich auf eine Ganzheitserfahrung. Sie fühlen sich als ganze Person angenommen und dadurch werden sie „ganz" und auch wenn nicht alles ganz in Ordnung war, gab es eine Erfahrung von „heil" sein:

> *„Das ist gar nicht so ganz einfach, ich glaube es trifft es ganz gut, es ist für mich eher sozusagen was, in der Tat was Atmosphärisches gewesen, ich habe es sozusagen ein bisschen als Heil hier empfunden so als Kind, dass das so nicht war, das ist natürlich auch erst später auch als junge Erwachsene oder als dann Abiturientin so klar gewesen, wo es dann überall auch Ecken und Kanten gibt und so weiter, aber als Kind habe ich das als unglaublich heil empfunden, und möglich auch dass ich das sozusagen ein bisschen idealisiere, aber ich kann jetzt im Moment nichts so rekapitulieren wo ich so dachte"* [I7: 231–281].

Diese Erfahrung von Ganzheit und Aufgehobensein wird eben nicht nur punktuell erlebt und sie ist daher auch schwer an Einzelheiten festzumachen, es wird als etwas Atmosphärisches beschrieben. In Einzelfällen kann sich nach Abschluss der Schulzeit auch der gegenteilige Effekt eintreten, der nach dem Abitur dann als „Leere" empfunden wird. Ganzheit ist verbunden mit Vielfalt. Die Vielseitigkeit der Angebote in der Schule wird von allen Interviewpartnern angesprochen und sehr hervorgehoben. Dabei wird deutlich, dass die Vielfältigkeit der Angebote nicht nur zu einem guten Allgemeinwissen führt, sondern auch in der Auseinandersetzung mit den vielfältigen Herausforderungen über die eigenen Fähigkeiten aufklärt. Die Vielfalt wird allerdings erst dann zu einem Erleben von Ganzheit geführt, wenn es gelingt, die Schülerinnen und Schüler zu einem Erleben von Zusammenhängen zu führen.

2.3.3 Kunst und Handwerkliches

Die Bedeutung der Kunst und die Klassenfahrten mit ihrer gemeinschaftsbildenden Wirkung werden ebenfalls häufig angesprochen. Han man das Rhythmisierte und Ritualisierte einmal an der Schule erfahren, dann wird es später im Leben oft auf anderer Ebene gesucht:

> *„Das Andere was mir auch sehr stark einfällt ist, das Rhythmisierte und Ritualisierte, das habe ich, als ich aus der Schule dann ging […] aber das, was so angelegt war so in dieser Breite, das hat mich irgendwie total lange begleitet. Und auch da wo ich es nicht hatte, habe ich es gesucht oder es wurde mir besonders bewusst, wenn ich es dann gefunden habe, was das sozusagen in mir zum Klingen bringt.“* [I7: 44–55]

Dabei ist die Lebendigkeit ein zentrales Motiv:

> *"Und ich glaube, wenn man jetzt sagt, praktische Tätigkeit oder künstlerische Tätigkeit: Es geht um die Lebendigkeit, dass ich mich als gesamter Mensch, ich bestehe ja nicht nur aus Kopf. Das ist etwas, ja, da muss ich sagen, profitiere ich sehr.“* [I6: 466–480]

Wie Bezüge zur Lebendigkeit direkt ins spätere Berufsleben führen können, geht aus der folgenden Sequenz hervor:

> *„… aber was die eben auch gemacht hat (die Werkstattlehrerin), die hat diese Baumbeobachtung gemacht, die hat von Anfang an gleich gesagt, ihr nehmt euch jeder einen Baum und zwei Jahre lang beobachten, das ist unser „Moses“. Und zwei Jahre beobachten wir den Baum und immer wenn wir Unterricht hatten, mussten wir kurz vorher unseren Baum betrachten, mussten in die Klasse gehen und jeder musste dann den anderen einmal, wir waren 14 Leute, das ging relativ schnell, mitteilen, ich hatte die Eberesche, was aus der Eberesche geworden ist. Blüten oder ob die Blätter abgefallen sind oder sonst irgendetwas und das hat mich sehr fasziniert und dann habe ich eigentlich die Idee gehabt, Forstwirtschaft zu studieren.“* [I1: 648–665]

Dieser Weg wird dann später zwar nicht bis zum Ende verfolgt, aber er *führt* auf die richtige Spur. Was hier beschrieben wird, ist im Grunde ein Resonanzphänomen, was mit der Vielfalt des Angebots zusammen eine Möglichkeit entfaltet, dass jeder das findet, was zu ihm passt:

> *„Aber ich finde, in der Schule darf das nicht eine Rolle spielen, ‚der ist begabter als der‘, sondern dieses, ‚Hier ist Zeit, ihr dürft euch hier entwickeln. Ihr dürft*

euch ausprobieren und hier ist der Druck nicht, aber spürt mal nach, was berührt euch oder wo fühlt ihr euch lebendig? Wo spürt ihr was?‘ “ [I6: 987–985]

2.3.4 Soziale Kompetenz und Weltbezug durch Klassenfahrten und Praktika

Klassenfahrten treten in den durchgeführten Interviews mehrfach als Erstnennung auf, was auf einen emotionalen Bezug der Befragten zu den dort gemachten Erfahrungen hinweist. Dabei werden vor allem zwei Dimensionen betont. Zum einen ist dies die soziale Komponente der Gemeinschaftsbildung, zum anderen ist dies aber mit dem Erlebnis von einem Zugewinn von Weltbezug bis hin zum Abenteuer verbunden.

Da es in den Waldorfschulen kein Sitzenbleiben gibt, ist der Klassenzusammenhalt stärker ausgeprägt als an Regelschulen, was auch durch die Studien von Barz und Randoll belegt wird[24]. Die Interviewpartner bringen aber deutlich zum Ausdruck, dass die Klassenfahrten darüber hinaus einen verstärkenden Effekt hatten und die Gruppe weiter „zusammengeschweißt“ hätten.

Hinzu kommt ein weiterer Aspekt, der von den Befragten als eine neue Perspektive beschrieben wird, unter der sie ihre Klassenkameraden neu wahrgenommen haben. Und dies ist der Aspekt der Verantwortlichkeit, der vorwiegend im Zusammenhang mit Arbeitsvorgängen in den Praktika erlebt wird. Während man im Klassenzimmer keine Verantwortung für andere übernehmen musste, ändert sich die Situation zum Beispiel beim Baumfällen im Forstwirtschaftspraktikum, wenn auf die Sicherheit der anderen Rücksicht genommen werden muss.

> *„Ich glaube, dass der Gemeinschaftssinn und die Verantwortung für den anderen unheimlich gefördert wurde dadurch, damals im Forstpraktikum, als man zum ersten Mal gemeinsam dann irgendwelche Hochstände gebaut hat oder Futtersilos oder so und es auch darum ging, dass der andere sich verletzen könnte, dass man aufpassen musste, wie man an welche Sachen rangeht, weil es für andere dann auch elementar sein kann, wo man schlichtweg einfach dann auch unter Umständen dann mit den Verhältnissen nicht klarkam, wo man es als Gruppe irgendwie leisten konnte und den Schwächeren dann auch mitziehen konnte. Also ich denke, dass diese Erlebnisse in den Klassenfahrten, dass das schon unheimlich gefördert hat und eben gemeinsam auch etwas zu schaffen, als Verband, als Gruppe sich ein Ziel zu setzen. Wir sind jetzt 14 Tage hier, wir müssen das schaffen oder jeder muss die Karte nach 14 Tagen fertig haben, so was – ich glaube, das ist schon ganz wichtig gewesen.“* [I5: 20–35]

Ein weiterer in dem Zitat ebenfalls angesprochener Aspekt betrifft die Zusammenarbeit, die auf ein gemeinsames Ziel hin gerichtet ist. Es wird deutlich,

24 Barz/Randoll 2007 und 2012.

dass in diesen gemeinschaftlichen Praktika und Klassenfahrten eine Teamfähigkeit angelegt wird, die später in der Berufsausbildung in den Werkstätten weiter aufgegriffen und entwickelt wird.

In Hinblick auf die Dimension von Welterschließung sind die Erlebnisse auf Klassenfahrten und in den Praktika insofern für viele SchülerInnen wichtig, weil sich viele zum ersten Mal unabhängig vom Elternhaus relativ selbstständig in einem fremden Kontext orientieren müssen. Bei dem Feldmessen auf der Hallig Hooge, die Jahr für Jahr in neuer Gestalt aus den Winterstürmen hervorgeht, wurden sie unmittelbar konfrontiert mit den Gestaltungskräften der Natur, die an dem Ergebnis ihrer Arbeit – einer neuen Karte – im Vergleich mit den Resultaten ihrer Vorgänger unmittelbar sichtbar wurden. Anderseits wurden die zwischenmenschlichen Erfahrungen im Sozialpraktikum, die bei mehreren der Befragten einen tiefen Eindruck hinterlassen haben, von diesen mit sozialen Umgangsformen in Verbindung gebracht, von denen sie gegenwärtig in ihrer beruflichen Situation profitierten. Die Beziehung zur Natur und zum anderen Menschen wird hier in einem Alter veranlagt, in dem der Jugendliche vielfach überwiegend mit sich selbst beschäftigt ist, und baut für ihn auf diese Weise eine Brücke zur Welt.

Tritt dann noch das Neue, Unbekannte auf einer Fahrt hinzu oder gelangt gar in den Vordergrund, so kann dies für die SchülerInnen einerseits einen Abenteuercharakter darstellen, der wichtige Aspekt hierbei ist aber auch das Zurechtkommen in einer unbekannten Umgebung:

> *„Und dann hat der Klassenlehrer sich wirklich sehr eingesetzt. Hat seine persönlichen Kontakte da genutzt, um uns auf diese Insel zu bringen, die nicht für den Tourismus erschlossen ist. Und auch nicht von Touristen, ich weiß nicht wie es heute ist, besucht werden darf. Weil es Naturschutzgebiete sind. Da sind alte Bronzesiedlungen da drauf und das alles ging wohl in Richtung Kulturerbe. Und da hatte er irgendwie so einen Kontakt gemacht, eine Gräfin von – ich weiß es nicht – die uns eingeladen hat, dass wir dann auf ihr Anwesen konnten. Und das war für uns eine tolle Sache, muss ich wirklich sagen, ja. Allein jetzt von der Fahrt allein da runterzufahren. Wir sind mit dem Zug bis nach Neapel gefahren. Von Neapel aus dann mit einem Schiff übergesetzt. Mit so einer Deckspassage richtig. Also das war Abenteuer.“* [I4: 29–62]

2.3.5 Konsequenzen für den weiteren biografischen Verlauf

Zu dem zuletzt Ausgeführten existiert ein Gegenhorizont: Dieser wäre die Entfremdung von der Welt. Nach Hartmut Rosa ist es von großer Bedeutung, *Resonanz* zu erfahren, die er wie folgt beschreibt:

> *„Resonanz ist eine durch Affizierung und Emotion, intrinsisches Interesse und Selbstwirksamkeitserwartung gebildete Form der Weltbeziehung, in der sich Subjekt und Welt gegenseitig berühren und zugleich transformieren.“*[25]

Dies beschreibt den Menschen als ein Beziehungswesen, nicht nur anderen Menschen gegenüber, sondern auch gegenüber Dingen. Nach Rosa ist es wichtig, dass die Resonanzerlebnisse, die Erlebnisse von Verbundenheit mit der Welt nicht nur flüchtig erfahren, sondern mit einer gewissen Kontinuität. Ist dies der Fall, dann spricht Rosa von einer *Resonanzachse*:

> *„Von Resonanzachsen lässt sich dagegen reden, wo sich zwischen dem Subjekt und diesem Weltausschnitt eine Form der Bezugnahme etabliert und stabilisiert, die solche Erfahrungen immer wieder möglich macht.“*[26]

Beschleunigung und Vermehrung der Handlungsoptionen bergen die Gefahr des Resonanzverlustes: Ein Verstummen der Welt“, als Folge tritt Existenzangst auf, denen durch „stumme“ Selbstwirksamkeitseffekte begegnet werden, die auf Beherrschbarkeit zielen. Dies zeigt sich zum Beispiel in der Tendenz, in schwierigen Momenten eher in die Abwehr zu gehen und uns durch „schließen und dämpfen“ zu schützen (d.h. „in eine stumme Weltbeziehung gehen“) und sich damit aber letztlich selbst aus der Weltbeziehung herauslösen.

Die interviewten Ehemaligen leiden nicht unter einer stummen Weltbeziehung: Alle haben sehr stabile Resonanzachsen ausgebildet, was sich insbesondere dann als wirksam erweist, wenn biographische Herausforderungen auftreten. Den Befragten gelingt es in solchen Situationen ausnahmslos, sehr schnell wieder neue Fäden zu knüpfen, indem sie auf etwas zurückgreifen können, was ihnen entweder durch die abgeschlossene Ausbildung oder durch andere aufgebaute Weltbeziehungen offensteht. Dass dies insbesondere durch die handwerkliche Tätigkeit sehr unterstützt wurde, wird im Folgenden ausgeführt.

Zusammenfassend kann festgehalten werden: Der personale Bezug zum Klassenlehrer, der konsequente gruppenpädagogische Ansatz ohne Sitzenbleiben, eine Leistungserziehung, die das Erbringen von Leistung nicht zum Kriterium der Auslese gemacht, bilden einen Sockel von kohärenten Erfahrungen, der in dieser Form für alle Waldorfschulen zutrifft, diese lebenszuversichtliche Sphäre „bildet“ die Grundlage für das im Folgenden dargestellte Konzept der „Doppelqualifikation“.

---

25 Rosa 2016 S. 297.

26 Rosa 2016 S. 296.

2.4 Aspekte der hibernia- und waldorfspezifischen Doppelqualifikation

Die handwerklich-praktische Seite und insbesondere die Berufsausbildung war für einzelne sicher auch ein Sprungbrett" in das Berufsleben, aber das ist nicht der zentrale Effekt, darin sind sich die Befragten einig. Sie bestätigen damit die von Rist/Schneider dargestellte Zielsetzung der Berufsausbildung nicht als Festlegung auf einen „Lebensberuf", den es in dieser Form schon lange nicht mehr gibt, sondern als „exemplarische" Spezialisierung im Felde eines Berufes, also etwas, was im späteren beruflichen Leben immer wieder neu praktiziert und erworben werden muss. Rist/Schneider sprechen auch von beruflicher „Erstausbildung", die später also in Selbstverantwortung als Selbst-Qualifikation, als berufliche Lernfähigkeit, vollzogen werden muss. Die Hauptaspekte liegen überwiegend in der Persönlichkeitsbildung, die sich im sozialen Feld des „Berufes" vollzieht und die dann auch in andere Lebensbereiche hineinwirkt und insbesondere in der Entwicklung der Berufsbiografie erkennbar wird.

Mit Blick auf die Veranlagung einer allgemeinen Handlungskompetenz führt Michael Brater dazu aus:

> *„Immerhin kann man die Berufswahlsituation auch als einen Test dafür nehmen, wie weit es der Schule eigentlich gelungen ist, diejenigen Fähigkeiten zu veranlagen, die sie brauchen, um in der modernen Welt handlungsfähig zu je weniger ein junger Mensch mit den Entscheidungsnöten der Berufswahl umgehen kann, desto mehr muss sich die Schule fragen lassen, ob sie ihre Aufgabe an ihm eigentlich richtig erfüllt hat."*[27]

Und laut Brater liegt die Stärke der Suchenden nicht darin, dass sie einen festen Plan haben und diesem konsequent folgen, sondern eher darin, mit offenen Situationen gut umgehen zu können:

> *„Ich-Stärke erweist sich nicht daran, alles ‚im Griff' zu haben, sondern eben in dieser Bereitschaft zum Risiko, im Wagemut gegenüber dem Unbekannten – und im Selbstvertrauen, sich diesen offenen Ereignissen gegenüber schon behaupten zu können."*[28]

Die biografischen Verläufe der Interviewpartner weisen die letztgenannte Eigenschaft auf, woraus geschlossen werden kann, dass die Schule bei diesen Persönlichkeiten ihre Aufgabe erfüllt hat. Das Ziel der folgenden Abschnitte ist es, deutlich zu machen, auf welche Weise die Fähigkeit entsteht, mit offenen Situationen konstruktiv umzugehen.

---

27 Brater 1998, S. 16.

28 Ebenda, S. 22.

2.4.1 Die besondere Lernqualität durch das handwerkliche Tun

Dass manuelle Fertigkeiten und haptische Erfahrungen die Qualität des Lernens unterstützen können, ist vielfach untersucht, dokumentiert und gefordert worden. Die Reihe beginnt bei Rousseau und führt über Montessori bis zu Crawford. Auch Sennet hat herausgestellt, dass handwerkliche Tätigkeit nicht nur eine technische Praxis bedeutet, sondern einen grundlegenden menschlichen Impuls darstellt, um die Welt zu ergreifen. Dabei spielt die Arbeit mit den Händen eine zentrale Rolle[29]. Die Gehirnforschung unterstreicht ebenfalls die Bedeutung der haptischen Erfahrung für die Gehirnentwicklung und ihre Bedeutung für das „Begreifen“ im zweifachen Sinne[30]. Für den Bereich der Waldorfpädagogik hat unter anderen Fucke den erzieherischen Wert des Handwerks ausführlich dargestellt[31]. Den spezifischen Hibernia-Waldorfansatz haben Liesel Gudrun Gienapp: Lernen am Holz – Ein Beispiel für praktische Allgemeinbildung[32], ausführlich dargestellt. Besonders der Beitrag von Gienapp zeigt Schritt für Schritt, vom Aufspalten eines Holzstammes auf dem Holzplatz in der siebten Klasse bis zur Verzinkung von Holzkisten in der zehnten Klasse in der Fachwerkstatt den altersgerechten Einsatz der Werkzeuge (Axt, Hammer, Spaltkeil, Ziehmesser, Hobel usw.) und der entsprechenden Werkstücke. Diese Lehrerin wird in den Schülerberichten und Interviews immer wieder als Beispiel für eine wirkungsvolle Pädagogik genannt, indem sie beispielsweise die Beobachtung eines Baumes über die Jahreszeiten als Aufgabe stellte. In ihren Beispielen wird auch die von Rist/Schneider genannte These bestätigt, dass durch den handwerklichen Unterricht die personale Autorität des Lehrers abgelöst wird durch die Sachautorität der Arbeit, der Arbeitsprozess selbst entwickelt jetzt eine fachliche und personale Wirkung, indem er den Unterschied zwischen Wollen und Können objektiv aufzeigtauch das wird in den Interviews immer wieder bestätigt. Rudolf Steiner nennt in seine pädagogischen Schriften diesem Zusammenhang als die notwendige Korrektur der „Gedankenlogik“ durch die „Tatsachenlogik“, die Korrektur des Denkens durch das Handeln. Es sei hier auch daran erinnert, dass Theorie und Praxis unterschiedliche ontologische Bereiche sind, dass also zum Beispiel Praxis nicht durch Theorie ersetzt werden kann – und sei sie noch so gut!

Durch die praktische Arbeit mit den Händen werden Transferprozesse eingeleitet:

---

29 Sennett 2008.

30 Spitzer 2002.

31 Fucke 1996.

32 In: Friedrich Edding, Cornelia Mattern, Peter Schneider (Hrsg.) 1985: Praktisches Lernen in der Hibernia-Pädagogik sowie Rist/Schneider a.a.O.

„...ob das die Gärtnerei, also das sind ja alles Dinge, Erlebnisse, da kann man ja nur daraus lernen, auch wenn wir da nicht immer toll bei der Sache waren, aber es bleibt einfach trotzdem was hängen [...] dann hatte man Schnitzen, dann wurde da ebenso ein Pflanzholz mal gemacht in der Zeit, es wurden da eben auch Werkzeuge im Schnitzen hergestellt, die in der Gartenbau Art und Weise dann weiter benutzt werden konnte und dann machte das natürlich auch irgendwann mal klick, aha dafür ist das gedacht." [I3: 327–340]

Die Übertragung kann später in die aktuelle Berufstätigkeit erfolgen, und dies in dreifacher Weise: in Form von praktischen Fertigkeiten (Weltbezug), als soziale Kompetenz (Bezug zum anderen) oder in der Gestalt einer Selbstorganisation (Bezug zu sich selbst). Wenn dann im theoretischen Unterricht im Klassenzimmer z.B. Goethes „Ehrfurchtslehre", also die Ehrfurcht vor dem, was unter uns ist, vor dem, was über uns ist und vor dem „höheren Selbst" in sich, und damit auch im Mitmenschen behandelt wird, wird dem handwerklichen Unterricht zum „empirischen" Bezug der „Pädagogischen Provinz" eine ganzheitliche Pädagogik angelegt. Die Herausforderungen bei den wechselnden praktischen Tätigkeiten in der Schule fordern Lernprozesse heraus, da sie nicht durch Routine erledigt werden können und Fehler unmittelbar erkennbar sind und Konsequenzen nach sich ziehen. Die handwerkliche Tätigkeit unterstützt ferner das Erkennen von Zusammenhängen. Und die Aktivität der Hände unterstützt das „Begreifen". Auch ein Transfer in andere Fächer kann dabei erfahren werden:

„Ich konnte mich zum Beispiel in die Mathematik reinknien und konnte mir das Erarbeiten, obwohl das nicht unbedingt so mein Steckenpferd gewesen wäre." [I5: 212–225]

Es handelt sich hierbei um Nebeneffekte, die bei der ursprünglichen Tätigkeit gar nicht intentional angestrebt wurden. Und dieses „Mitlernen" wie Holzkamp es als inzidentelles Lernen dem intentionalen Lernen gegenüberstellt[33], nimmt in der handwerklichen Tätigkeit einen großen Umfang ein. Zu den gefertigten Werkstücken entwickelt sich auch eine emotionale Beziehung, denn sie stellen eine haptisch erfahrbare Dokumentation der vielfältigen handwerklichen Fähigkeiten des Erzeugers dar.

„... für mich war das eine irre Sache. Ich habe heute noch Dinge, die habe ich zwar auf dem Speicher oben, die ich gebastelt habe. Die ich geschnitzt habe. Was ich aus Ton gemacht habe. Ich habe noch meine erste selbstgetriebene Kupferkanne, die wir gemacht haben. Wie gesagt, das sind Dinge, da hängt mir viel dran. Weil das einfach Erinnerungen sind. Und das ist, was ich selber gemacht habe. Wenn ich das heute einem zeige, und dann sage: toll was? Das habe ich selber gemacht. Das glauben die nicht. Das glauben die nicht..." [I4: 790–810]

33 Holzkamp 1995, S. 325.

Hier wird deutlich, dass durch die verschiedenen Tätigkeiten und vor allem durch deren Abschluss in Form eins vorzeigbaren Werkstücks jeweils Resonanzbeziehungen veranlagt werden, auf die später im Leben zurückgegriffen werden kann. Auch an dieser Stelle kann hier die goetheanistische Wurzel freigelegt werden, also die Verbindung der eigenen Tätigkeit mit dem Werkstück, das damit zum Teil des eigenen Selbst wird, zum „Selbst", das sich dann ablösen muss und freigegeben wird: „Was der Mensch leisten soll, muss sich als ein zweites Selbst von ihm ablösen, und wie könnte das möglich sein, wäre sein erstes Selbst nicht ganz davon durchdrungen?"[34] (Wilhelm Meisters Wanderjahre, viertes Kapitel, erstes Buch) Der positive emotionale Bezug, der dabei entsteht, wird im Fall des Gelingens auf die gesamte Schulerfahrung übertragen:

> *„Also für mich war die/Ich bin vom ersten Tag an super gerne in der Schule, in der Hiberniaschule gewesen. Und ich habe die Gewerke geliebt, ich habe alles mit Leidenschaft gemacht. […] Und das gipfelt dann ja an der Hiberniaschule in der Ausbildung."* [I5: 212–225]

Die Konsequenz daraus ist nicht nur ein Verbundenheitsgefühl mit der Schule, sondern auch ein Aufbau einer vielfältigen Weltbeziehung, die auf eine Ganzheitlichkeit zielt. Dieses Thema wird von Meyer Drawe aufgegriffen in ihrem Hinweis auf die Einbeziehung der Dinge, was mit allen unseren Sinneserfahrungen verbunden ist[35]. Dadurch geschieht eine Modifikation des Selbstbildes, das im klassischen Unterricht sonst überwiegend auf den Sehsinn und den Wortsinn reduziert bleibt. Die anderen Sinne ergeben jedoch eine wesentlich andere Welterfahrung und in der Auseinandersetzung damit auch eine neue Selbsterfahrung. Das Auge bleibt in jedem Fall ein Betrachter, die Hand aber, die das Werkstück ergreift, ist durch die Hebel- und Muskelkräfte eingebunden in die physikalischen Wirkkräfte der Welt. Die verändert die Selbsterfahrung vom Beobachter zum Teilhaber.

Insgesamt erfüllen die dargelegten Aspekte auch die Kriterien, die Brater als Merkmale des entdeckenden Lernens herausgestellt hat:

> *„Die Ausbildung bezieht sich nicht auf Einzeltätigkeiten, sondern auf gut dosierte, mehr oder weniger komplexe konkrete Aufgabenstellungen.*
>
> *Der Auszubildende soll ohne langwierige Vorbereitung oder Einweisung einfach anfangen, er darf ausprobieren, er muss selbst den Lösungsweg suchen und dazu muss er frei sein, das auch tun zu dürfen, was er will.*
>
> *Kernstück der Methode ist die Belehrung durch die Sache selbst und nicht durch den unterweisenden Ausbilder. Konkret geschieht dies sowohl durch die gelungenen Stücke, durch erreichtes Maß, dadurch, dass Teile zueinander und*

34 Goethe: Werke. Hamburger Ausgabe. Bd. 8. München 1988. S. 36
35 Meyer-Drawe 1999.

ineinander passen, aber auch durch Fehler: Es muss nicht alles auf Anhieb gelingen, sondern man lernt aus Fehlern. Dies geht nur dann, wenn man Fehler nicht vertuschen muss, sondern sie als Lernanreiz erfährt, der zur Korrektur, zur Verbesserung führt.“[36]

Ziel ist immer die Verselbstständigung im (beruflichen) Lernprozess, in dem das entdeckende Lernen ein wichtiger methodischer Baustein ist. In diesem Kontext, unter Einbeziehung künstlerischer Lernprozesse und Elementen des entdeckenden Lernens wurde eine schrittweise Verselbstständigung der Lernprozesse, auf der Grundlage der Hibernia-Waldorferfahrungen, auch in andere industrielle und handwerkliche Modellversuche umgesetzt, wie dies Meyer-Dohm/Schneider (Hrsg.) beschreiben in: „Berufliche Bildung im lernenden Unternehmen. Neue Wege zur beruflichen Qualifizierung“. Martin Sabel hat dies in seiner Dissertation: „Selbst Qualifizierung als Weg moderner Berufsausbildung“ nachgewiesen. Schrittweise werden Ausbildungshilfen zurückgenommen und selbstständige Lösungen, sowohl individuell wie in den Ausbildungsteams, angestrebt. Dies erfordert zum Beispiel, dass der Ausbilder zum Lernprozessberater wird, der erst bei Bedarf hinzu gerufen wird. (S. 121 ff.) Ein besonderer Motivationsschub ergab sich auch dadurch, dass der bis dahin übliche „Übungsschrott“ abgeschafft wurde und die Auszubildenden an brauchbaren und notwendigen Produkten ihr Können zeigten. In eindrucksvoller Weise formuliert dies der Möbeltischler Christoph (siehe Kapitel 7) am 15. März 1983: „Hätte ich damals gewusst, dass mein Schrank nicht wirklich gebraucht wird, mir wäre alles scheißegal gewesen“. (Christoph über die Arbeit an seinem Gesellenstück). Und 34 Jahre später steht er voll zu dieser Aussage.

2.4.2 Kontakt mit der Arbeitswelt

Die Befragten beschreiben die Wirkung der handwerklichen Tätigkeit auch als „erdend“ in dem Sinne, dass sie mit der Realität der Arbeitswelt in Berührung kommen.

„Und ja, das wäre für mich jetzt also das Prägendste, würde ich schon sagen. – die Zeit wo […], diese praktischen Erfahrungen dazu gekommen. Und wir mussten ja auch nachdem wir diese praktischen Erfahrungen auch diese Betriebspraktika machen. Auch bei der VEBA Chemie. Und ich weiß, wo waren wir noch. Kindergarten. Erzieher und so etwas. Das waren dann schon so Dinge, wo man da ich sage mal ‚im Leben angekommen ist‘. Dann ist man, ich sage mal … dieses Behütetsein, das ist mal … das, was mir so unheimlich auf den Keks gegangen ist.“ [I4: 572–582]

36 Brater 1988, S. 88.

Hier wird nicht nur der Kontakt mit den Lebensbedingungen unserer Gesellschaft als ein „Ankommen“ in der gesellschaftlichen Realität beschrieben, sondern an die Stelle des *Lernens* tritt die *Arbeit,* was durch reale Aufträge, die abgewickelt werden, gewährleistet wird. Damit wird Arbeit als eine Leistung für andere erlebt, was nicht deutlich genug herausgestellt werden kann, weil der Lernende in der Schule ja in erster Linie nur für sich selbst „arbeitet“. Dies bildet nicht nur einen ausgleichenden Kontrast zum Behütetsein in den vorangegangenen Jahren, sondern die Aufeinanderfolge dieser beiden Erfahrungen sichert den Heranwachsenden neben dem Gefühl der Beheimatung und dem „Angenommen-Sein“ zugleich auch einen realen Weltbezug und setzt damit ein entscheidendes Gegengewicht zu der von Crawford beschriebenen Tendenz, dass unsere Schulen den Bezug zur Welt verlieren:

> *„Das Verschwinden von Werkzeugen aus unserem Schulunterricht ist der erste Schritt auf dem Weg zur Unkenntnis der gegenständlichen Welt in der wir leben.“*[37]

Der Kontakt zur realen Arbeitswelt durch die abzuwickelnden Aufträge wirkt erzieherisch, und zwar ganz in dem Sinne, wie es auch schon Rousseau in seinem „Emile“ ausgesprochen hat: „Haltet das Kind von den Dingen abhängig und ihr werdet es naturgemäß erziehen.“[38]

In dem Zitat wird ebenfalls deutlich, dass ein Behütetsein emotional abgelehnt werden kann – vielleicht wenn es ausschließlich oder zu lange erfolgt. Dies hängt natürlich auch immer von dem Selbstbewusstsein der einzelnen Persönlichkeit ab. Generell lässt sich aber festhalten, dass ein Weltbezug, der auf der Grundlage einer Beheimatung in der Welt aufgebaut wird, von den Jugendlichen immer auch explizit gesucht wird. Beheimatung und Weltbezug gehören zusammen, das eine ohne das andere ist letztendlich für die Entwicklung nicht förderlich.

Zur Beheimatung in der Welt, die immer auch eine Anerkennung durch die Welt bedeutet, gehört eben die schon öfter erwähnte Tatsache, dass diese Anerkennung durch notwendige und brauchbare Produkte, also als Arbeit, und damit in objektivierter Form erfolgt. Der Schüler erlebt dadurch, dass er „gebraucht“ wird und damit seinen Beitrag zur „Welt“ leistet. Dies wird zum Beispiel im Interview mit dem Möbelschreiner Christoph explizit deutlich (siehe Kapitel 7).

2.4.3 Entwicklung individualisierter Strategien

Ein zentrales Thema ist der eigenständige Umgang mit Herausforderungen – im Lernen, bei der Arbeit und schließlich im Leben. Diese Improvisationsfähigkeit

---

37 Crawford 2011, S. 9.
38 Rousseau 1971, S. 63.

haben die Ehemaligen von der Schule mitgenommen, auch wenn sie selbst nicht immer genau festmachen können, woran diese Fähigkeit der Selbstorganisation entwickelt wurde.

Nach Meyer-Drawe ist Lernen keine Erkenntnis, sondern eine Erfahrung. Lernen beginne dort, wo das Alte seinen Dienst versagt und das neue noch nicht zur Verfügung steht – Maschinen profitieren daher nicht von den Schwierigkeiten[39]. Demnach beginnt das Lernen, wenn das Repertoire der eingeübten Routinen versagt – und dazu braucht es Herausforderungen oder zumindest ungewohnte Aufgabenstellungen. Meyer-Drawe spricht in diesem Zusammenhang auch vom „Einspruch der Dinge“: „Dinge begegnen uns nicht lediglich als Sachen, die wir registrieren oder nicht. Sie teilen mit uns die Materie und bieten uns Widerstand. Wir können sie im wahrsten Sinne des Wortes begreifen. Wir können über sie stolpern. Wir gehen ihnen aus dem Weg. Sie rivalisieren miteinander. Sie stellen Ansprüche an uns und fordern uns heraus.“[40]. Folgt man diesem Ansatz, dann muss Pädagogik eher als ein System von Gelegenheiten, als von Maßnahmen begriffen werden. Und diese Gelegenheiten wurden den Ehemaligen an der Hiberniaschule im Rahmen der handwerklichen Arbeiten regelmäßig gegeben. Wer sich damit auseinandersetzt, individualisiert seinen Lernprozess:

> *„und ich muss schon sagen, wir haben hier das Lernen gelernt, also auch wie man sich selber strukturiert, wie man selber ja dann auch mit den einzelnen Kursen klarkam und wie viel Zeit man ansetzte zum Lernen“* [I2: 335–359].

Das „Lernen lernen“ ist ein Schlagwort, das auch kritisch hinterfragt werden kann, da Lernen immer auch einen fach- oder objektbezogenen Charakter hat, der nicht übertragbar ist. Die Ehemaligen verwenden diesen Ausdruck aber in dem Sinne, dass sie individuelle Methoden und Selbstdisziplin für sich selbst entwickelt haben. Dabei geht es nicht um vorgeprägte feste Abläufe, sondern eher um eine Offenheit, aus der heraus man genau hinschauen lernt:

> *„Aber was die lernen müssen ist, selbst was ausprobieren, selbst gucken: „Ah, so geht es nicht, dann probiere ich was anderes aus.“ Und das ist ganz, ganz schwierig. Etwas vorgesetzt bekommen und „friss oder stirb“, das kann jeder. Aber zu überlegen: „Aha, hier geht es nicht weiter. Und was kann ich tun? Und wie überbrücke ich die Zeit, bis das vielleicht funktioniert?“ Das ist, glaube ich, kreatives Lernen und Arbeiten.“* [I6: 1095–1104]

Hierbei handelt es sich nicht um ein willkürliches Herumprobieren, sondern die Erfolgsaussichten hängen durchaus von dem Vorwissen und den bisher gemachten Erfahrungen in solchen Situationen ab. Mit Holzkamp könnte man dann sagen, es treten „auf der Ebene des Vorgelernten oder Mitgelernten

39 Meyer-Drawe 2012, S. 15
40 Meyer-Drawe 2012, S. 159ff.

Prozesse in den Vordergrund, die man – mit dem heute aktuellen Terminus – als *Selbstorganisation* oder *autonome Organisation* bezeichnen könnte.“[41]. Wenn diese Selbstorganisation im Schulalltag immer und immer wieder in den verschiedenen Fächern geübt wird, dann entsteht daraus eine Fähigkeit, die grundlegend für den Weltbezug insgesamt wird:

> *„Ich glaube, das war ... sozusagen einfach insgesamt eine Fähigkeit von der Schule mitbekommen zu haben, hier hast du, jetzt mach mal, jetzt mach das, ja du hast jetzt hier ein Stück Holz, am Ende muss es Räder haben und Rollen ja irgendwie, ja, also es gab genug, also trotz aller Geführtheit, gab es sozusagen in diesen Einheiten, in denen wir geführt waren, gab es dann genug Räume die wir sozusagen wirklich alleine, also jedenfalls empfand ich das dann so oder sehe das so im Rückblick so, gab es genug Räume die wir selber füllen mussten. […]* [I7: 670–680].

Dieser offene Lernraum hat eine Schlüsselfunktion, denn nur darin können die individualisierten Fähigkeiten entwickelt werden. Auf der anderen Seite ist er aber auch nicht leicht herzustellen, denn in diesem Raum bedarf es einer besonderen Führung, die weder über- noch unterfordert. Denn nur mit dem richtigen Passungsverhältnis zwischen Herausforderung und den bereits vorhandenen Fähigkeiten der Schülerinnen entsteht das richtige Milieu, in dem die Selbstorganisation sich entwickeln kann.

> *„Wo ich einfach lerne in einer Situation, mit der ich nicht zurechtkomme, eine Strategie zu entwickeln, wie ich diese Situation beherrschen kann, ohne dass ich da jetzt den Kopf in den Sand stecke. Und das können viele Leute heute nicht […] Und diese Strategieentwicklung, die habe ich aus der Schule mitgebracht. Das ist eigentlich das, wo ich sage, das sind die Sachen wo der eben jetzt auch der Lehrer wieder reinkam. Sprich Herr S., der gesagt hat, ‚so und so kannst du das nicht machen. Überlege mal, wie könnte man das besser machen?‘.“* [I4: 350–380]

Es wird dabei deutlich, dass der Lernbegleiter – im Fall der Ausbildung ist dies der Werkstattleiter oder Meister – alles andere als überflüssig ist. Im Sinne einer Ermöglichungsdidaktik hat der Lernbegleiter einerseits darauf zu achten, dass die Lernenden sich nicht auf falschen Wegen festbeißen und anderseits immer wieder einen Entscheidungs- und Erfahrungsraum für die Heranwachsenden zu eröffnen. Arnold charakterisiert diese Vorgehensweise als eine Ermöglichungsdidaktik: „Die Ermöglichungsdidaktik […] schafft Lehrenden einen Freiraum und die professionelle Distanz zum Lernenden, indem die Handlungslogik zwischen Vermitteln und Aneignen zugunsten von Begleitung und Ermöglichung sowie Selbststeuerung aufgebrochen wird. Durch diese Wendung wird der Idee von ‚Machbarkeit‘ von Wissen eine Absage erteilt und das lernende Individuum mit seiner prinzipiellen Eigensteuerung

41 Holzkamp 1995, S. 326.

in den Vordergrund gerückt …"[42]. Bemerkenswert ist dabei, dass zugleich eine implizite Korrektur des heute weitverbreiteten Wissensbegriff entsteht, der Wissen als eine Art von Ware begreift und als solche operationalisierbar betrachtet im Sinne von „Wissen ist Macht". Die Macht liegt aber nicht im Wissen, sondern in dem Individuum, das dieses Wissen *handhaben* kann.

Als die Volkswagen AG ihre Berufsausbildung ab 1985 modernisierte, orientierte sie sich, wie dargestellt auch an den Erfahrungen des Modellversuches der Hiberniaschule und setzte das VW spezifisch in Ihrem Konzeptbereich 2: Das ausbilderunterstützte Selbst- und Gruppenlernen um. „In Anfangssituationen bringen sich die Ausbilder in die Lern-, Planungs- und Organisationsphase stärker ein. Dann überlassen sie den Auszubildenden mehr und mehr aktive Gestaltungsräume, ohne den Überblick über die Lernprozesse zu verlieren. Wer Selbstständigkeit will, muss Selbstständigkeit ermöglichen".

Für die Lehrenden bedeutet dies, eine professionelle Diagnosekompetenz zu entwickeln. Gelingt dies, so entsteht bei dem Lernenden eine Fähigkeit, die weit in die spätere Biografie hinein wirksam ist.

Zu diesem individualisierten Lernvorgang des Lernenden bemerkt Arnold weiter:

> *„Den Menschen als Möglichkeitswesen zu verstehen bedeutet dann, individuelle Unterschiede im gesamten Lernvorgang anzuerkennen sowie zu unterstützen und damit dem Lernenden zu dem zu verhelfen, was sein kann. Individualisierung im Lernprozess bedeutet allerdings auch, dass die Lernenden einer neuen und ungewohnten Situation ausgesetzt sind, die auch Ängste verursachen kann, weil die Vorstellung, sich nicht im eng vorbereiteten Lernnetz des Lehrenden aufzuhalten, Unsicherheit mit sich bringen kann."*[43]

Den Umgang mit dieser Ungewissheit zu üben und diese auszuhalten ist auch noch aus einem anderen Grund bedeutsam. Denn diese Ungewissheit ist nicht nur unvermeidbar, sie ist zugleich in Hinblick auf die Berufsbiografie auch eine Signatur unserer Zeit, denn unsere Berufsbiografie ist heute in einem viel höheren Maße von Ungewissheiten abhängig, als dies früher der Fall war. Brater schreibt dazu:

> *„Das Berufsleben hat inzwischen überall aufgehört, ein bequemer Salonwagen zu sein, der vielleicht manchmal schwierig war, zu besteigen, in dem man sich aber dann, hatte man dies geschafft, bequem in seinem Sessel zurücklehnen und zusehen konnte, wie er einen sicher und zuverlässig ans Ziel brachte, eher gleicht es einem Fahrrad, bei dem alles davon abhängt, was der Fahrer tut, und auf dem man die Höhen und Tiefen, die Steigungen und Abfahrten einer bewegten Landschaft sehr hautnah mitbekommt."*[44]

---

42 Arnold 2010, S. 108.
43 Arnold 2010, S. 109.
44 Brater 1998, Seite 32.

Es geht daher nicht darum, diese Schwierigkeiten zu vermeiden, denn nach Brater sind sie heute unvermeidbar, entscheidend ist allein, ob man beweglich und aufmerksam genug ist, um erfolgreich hindurch zu steuern. Die Aufmerksamkeit gilt dabei, um im Bild zu bleiben, zweierlei Dingen: erstens dem Gelände, und zweitens dem eigenen Ziel, oder zumindest einer Richtung, in die man steuern will. Konkret für die Schülerinnen und Schüler bedeutet dies, dass sie bei den Herausforderungen durch die Dinge bei der praktischen Arbeit einerseits ihre handwerklichen und mentalen Fähigkeiten schulen (Geschick, Ausdauer und Überblick) zugleich aber auch erproben können, ob dies vielleicht auch ein passender Weg für einen Berufseinstieg sein könnte (Resonanz ihres Inneren mit der ausgeübten Tätigkeit).

2.4.4 Umgang mit Widerständen

Die Dinge fordern uns insbesondere dann heraus, wenn sie widerständig sind und uns im Umgang mit ihnen nicht immer alles gelingt. Auch daran werden Fähigkeiten entwickelt:

> *„... das ist nicht so ganz einfach festzumachen, an welchen genauen Erlebnissen ich sozusagen diesen Mut oder das Durchhaltevermögen gewonnen habe, was ich sozusagen aus der Schule mitnehme ...“* [I7: 666–670].

Durchhaltevermögen und Mut werden an der erfolgreichen Überwindung von Widerständen entwickelt. Daher ist es wichtig, dass die Aufgabe in der Regel auch bewältigt werden kann:

> *„weil ich sozusagen weiß, ich habe so ein Möbelstück fertig gekriegt, ich habe diese Zeichnung gemacht, ich musste in der Schreinerwerkstatt stehen und mit den ganzen hochpubertierenden Jungs die so ihre Scherze unter sich hatten, [...] da stehen und mit einem Meister, der herumgebölkt hat [...] lauter solche Situationen wo ich zum ersten Mal auch so einen Wind von vorne spürte, und [später in meiner weiteren beruflichen Ausbildung], konnte ich sozusagen mit diesen Erfahrungen aber auch nochmal anders mit Kunden umgehen, die zum Beispiel schwierig waren ...“* [I7: 508–849].

Dabei haben die SchülerInnen gelernt, die Dinge einerseits aushalten können und anderseits aus einer anderen Perspektive zu betrachten. In dem Zitat findet sich auch wieder ein direkter Bezug zum späteren Berufsleben.

Schließlich kann auch die Erfahrung von Niederlagen in eine positive Kraft verwandelt werden:

> *„Und das ist das, was einem im Leben bestehen lässt. Und wo man auch Niederlagen erfährt. Wo man auch sagte, das ist dumm gelaufen. Hättest Du mehr machen müssen. Und dann aber sagen, gut beim nächsten Mal, dann muss ich versuchen das zu anzupacken. Das ist ja/Gehört ja zum Lernen dazu. Also*

negative Erfahrungen zu machen. Die können Sie dann wieder positiv nutzen." [I4: 473–508]

Punktuelle Niederlagen sind lehrreich, wenn der Jugendliche dabei lernt, konstruktiv mit ihnen umzugehen. Genauso wichtig ist es jedoch, die machbaren Herausforderungen auch tatsächlich zu bewältigen. Die Überwindung von Widerständen bedeutet einen Zugewinn an Willenskraft und dieser Prozess wird ebenfalls mit der Berufsausbildung in Zusammenhang gebracht:

> „*Die Herausforderung kam dann wirklich mit der Berufsausbildung und mit diesem parallelen Theoretischem dahinter. Weil sie sind morgens schon platt gewesen. Wenn Sie irgendwas gemacht haben. Auf einer Baustelle waren. Und es gab Baustellen, da mussten Sie richtig ran, wenn Sie dann Rillen spitzen mussten und so. Das ist schon körperlich dann anstrengend gewesen. Aber dann der theoretische Teil dahinter … Und da mussten Sie dann eben auch gucken, was mache ich denn zuerst … was ich meine ist, Sie haben jetzt drei Dinge, die gemacht werden müssen. Und es gibt ein paar Dinge oder ein Ding, wo Sie sagen, das ist nicht mein Ding. Das habe ich auch heute noch. Das schiebe ich immer so lange raus bis es nicht geht. Und dann muss ich es machen und dann kann ich das aber in einem durchziehen. Wenn ich jetzt sage oh, da mache ich jetzt erst ein bisschen. Und dann mache ich nächste Woche ein bisschen. Das geht nicht.*" [I4: 970–1008]

Die Kräfte, die sich bei den Schülerinnen in solchen Prozessen entwickeln, sind bleibende. Es bilden sich Fähigkeiten, die später in der Lebensführung eingesetzt werden können und auf deren Aneignung dankbar zurückgeschaut wird:

> „*… wenn ich das hier nicht erlebt hätte, säße ich heute nicht vor Ihnen. Also ich glaube, mein Weg musste so sein über diesen erst praktischen Teil. Ich bin ja dann Erzieherin geworden und habe den Beruf auch zunächst ausgeübt. Und dann an der Frage, wie geht man um mit verhaltensauffälligen Kindern, kam mir überhaupt die Psychologie in den Sinn, dass das eine Berufsoption für mich sein könnte*". [I6: 110–120]

Hier wird nochmals der bereits oben erwähnte Aspekt untermauert, dass es nicht die Aufgabe der Schule sein kann, dass die Schülerinnen und Schüler am Ende der Schulzeit, wissen, was der richtige Beruf für sie ist, denn dies entwickelt sich oft erst über eine längere Zeit und bedarf auch dann immer weiterer Justierungen. Es geht aus dieser Perspektive weniger um den richtigen *Beruf* als vielmehr um eine sichere Navigation durch die *Berufsbiografie*. Und für diese lebenslange Aufgabe sollte in der Schule ein möglichst solides Repertoire an Fähigkeiten entwickelt werden.

2.4.5 Die gesellschaftliche Bedeutung des Handwerklichen

Ein Mangel an Fachkräften und zugleich eine zunehmende Akademisierung sind gegenwärtig in unserer Gesellschaft mit zunehmender Tendenz zu beobachten. Rümelin spricht sogar von einem „Akademisierungswahn“ (Rümelin, 2014). Diese gesellschaftliche Bedeutung des Handwerklichen ist den Befragten ebenfalls sehr bewusst:

> *„Man kann sich heutzutage darüber beschweren, dass die Akademischen Berufe überinterpretiert sind und das Handwerk nicht mehr nachrückt, das ist kein Hibernia schulspezifisches Problem, das sehe ich sehr kritisch, weil eben das Handwerk immer mehr leidet und wir später keine Leute mehr haben werden, die uns die schönen Sachen bauen oder die unsere Sachen auch reparieren. Das ist ein richtiges gesellschaftliches Problem“* [I1: 180–191].

Die Auseinandersetzung mit der Vielfältigkeit des Materials ergibt im Nachhinein ein „Gespür dafür, was geht“, ein realitätsbezogenes Denken entsteht:

> *„- und, ja man kriegt so ein bisschen dafür ein Gespür, nicht zur Schulzeit sondern eher später wenn man mal über das große Ganze nachdenkt, wo kommt das her, wie wird das geschöpft, wie wird das weiterverarbeitet und kriegt dann ein Gespür dafür wie viel Arbeit dann dahinter steckt letztendlich ja das weckt einen dann so wieder ein bisschen und denkt, Mensch das hast du auch mal gehört und jetzt kapierst du es aber erst“* [I3: 562–620].

Dadurch entsteht erstens ein Realitätsbezug, durch den eine Kenntnis über die Dinge entwickelt wird und zweitens steckt darin eine Aufmerksamkeitsschulung, was in dem Zitat als Akt des Aufweckens beschrieben wird. Damit wird diametral denjenigen Kräften entgegengewirkt, die durch zunehmende Beschleunigung und Fragmentierung unsere Verankerung in der Realität angreift. Crawfords spricht in diesem Zusammenhang von einer „Aufmerksamkeitskrise“ und fordert für unsere Schulen eine stärkere handwerkliche Orientierung zur „Wiedergewinnung des Wirklichen“[45].

Im Rückblick bringen die Befragten ihre vielfältigen Erfahrungen in der Berufsausbildung in einen Zusammenhang mit einem gesunden Realismus, der eine sichere Einschätzung von Machbarkeiten sowie eine Improvisationsfähigkeit umfasst. Das damit verbundene „Aufwecken“ für die Zusammenhänge bedeutet nicht nur einen Gewinn an Wachheit, sondern auch ein verstärktes Bewusstsein für die soziale Vernetzung. Schließlich führt das Gespür für die darin verborgene Arbeit zu einer neuen Wertschätzung des Hergestellten, die auch ganz explizit angesprochen wird:

> *„Aber ich finde es ganz wichtig, dass die Leute auch was mit den Händen machen können und was daraus wird. Dass die sehen, was mache ich damit und, dass sie einen Erfolg haben davon. Und wir sind heute Wegwerfgesellschaft. Das heißt, wir nehmen etwas und wir wertschätzen gewisse Dinge gar nicht mehr so. Und ich glaube, dass man auch ein anderes Verständnis gegenüber der Natur da mitbekommt. Und auch gegenüber der Leistung der Arbeit von*

45 Crawford 2015.

anderen Leuten. Das ist auch eine Wertschätzung auch anderen Leuten gegenüber." [I4: 1139–1166]

Menschen, die diese Erfahrung gemacht haben, werden das Handwerkliche innerhalb unserer Gesellschaft vermutlich nicht weniger wertschätzen als das Akademische. Die Wertschätzung gegenüber der Arbeit von anderen geht zugleich mit einer Begeisterung für das mit den eigenen Händen Geschaffene einher und die Befragten bestätigen in dieser Hinsicht vollkommen dasjenige, was Crawford durch die Worte eines Werklehrers ausspricht: „In den Schulen schaffen wir eine künstliche Lernumgebung für unsere Kinder und sie wissen, dass diese Umgebung erfunden ist und ihre ungeteilte Aufmerksamkeit nicht verdient. Wenn sie keine Gelegenheit haben, durch ihre Hände zu lernen, bleibt die Welt abstrakt und fern für sie und ihre Begeisterung für das Lernen wird nicht geweckt[46].

2.4.6 Konsequenzen für die weitere Lebensführung

Welche Bedeutung haben nun die zusammengetragenen Effekte auf die weitere Biografie aus Sicht der Befragten gehabt? Oder noch allgemeiner gefragt: Gibt es überhaupt einen Zusammenhang zwischen dem schulischen Lernen und der weiteren biografischen Lebensgestaltung? Meyer-Drawe plädiert für einen solchen Zusammenhang, wenn sie argumentiert: „Im Rahmen der Ethik des Sokrates gehören Tugend und Wissen zusammen. Daher greift Lernen in Gestalt der Sorge um das eigene Selbst auf die Ordnung der Seele über. Es wird bedeutsam, was, wie und von wem man lernt, da Wissen darüber entscheidet, wie man lebt. Aus diesem Grund steht im Verlauf des Lernweges mit der Geschlossenheit und Güte des Wissens stets die Integrität und Tauglichkeit des Wissenden auf dem Spiel. Die Erkundung der Möglichkeiten und Grenzen des Lernens wird so zur philosophischen Kardinalfrage nach dem spezifisch menschlichen Gutsein als Gelingen der Existenz."[47]

Meyer-Drawe stellt damit einen Zusammenhang her zwischen der Qualität des Lernens und der späteren Lebensführung. Wir bewegen uns ja auch später *lernend* durch unser Leben, durch unsere Krisen und es wäre auch eher überraschend, wenn dieses weitere Lernen im Leben keinen Zusammenhang aufweisen würde mit den individualisierten Lernprozessen, die wir uns in der Individuationsphase angeeignet haben. Diese wurden dann wahrhaft „fürs Leben gelernt".

Die Befragten bringen vor allem die folgenden schulischen Effekte in einen Zusammenhang mit dem Verlauf ihrer späteren Biographie: Sie haben ein Grundvertrauen, in der Welt einen Platz zu finden, sie sind ausgestattet mit

46 Crawford, 2016, S. 372.
47 Meyer-Drawe 2012 S. 18.

einer Vielzahl von Anknüpfungspunkten an die Arbeitswelt – wobei die Berufsausbildung hier einen Schwerpunkt bildet und sie haben nicht zuletzt gelernt, mit schwierigen, unvorhergesehenen Situationen umzugehen, indem sie sich nicht vor der Welt verschließen und in sich zurückziehen, sondern gerade dann, wenn der Bezug zur Welt problematisch wird, in einem Kontakt mit der Realität bleiben und dadurch eher den Ausweg oder den nächsten Schritt finden.

> *„Und das fand ich ganz beeindruckend, dass mir mit auf den Weg gegeben wurde, jeder Mensch hat einen Platz, man darf nicht nur so sein, wie man ist, sondern man findet so, wie man ist, auf jeden Fall einen Platz. Also das, ne, das ist diese andere Geschichte. Also brauche ich keine Angst zu haben, dann finde ich den Platz, der meinen Fähigkeiten entspricht“* [I5: 550–557].

Dieses Vertrauen hat die Schule in ihrer Gesamtheit vermittelt und nicht durch einen speziellen Unterricht oder eine spezielle Ausbildung. Die handwerkliche Ausbildung gibt den Schülerinnen und Schülern darüber hinaus ein Mittel in die Hand, ihre Ziele in die Tat umzusetzen. Das zeigt sich einerseits in der Möglichkeit, immer auf den gelernten Beruf zurückzugreifen, wenn alle Stricke reißen, anderseits aber auch in dem Wissen darüber, welche Tätigkeiten einem liegen und welche nicht. Wissen allein ist nicht entscheidend, sondern kann dann erworben werden, wenn man es braucht:

> *„… es gab so einen, nicht einen Slogan, so einen Spruch zwischen einer sehr guten Mitschülerin, einer sehr guten engen Freundin von mir, sie kam, weißt du was, wir beide, wir können auch ein Haus bauen, wir können auch ein Haus bauen, wir haben keine Ahnung wie man es macht, aber irgendwie können wir es, trauen wir es uns zu, und ich glaube, dass so dieses, so dieses Zutrauen so ganz stark aus dem kommt, was wir so mitbekommen haben aus der Schule.“* [I7: 680–699]

Aus dem darüber befragten Kreis der Ehemaligen haben zwar nur wenige den gelernten Beruf später auch tatsächlich ausgeübt, aber häufig wurde in einer Übergangsphase darauf zurückgegriffen, auch wenn dies nur in Form eines Nebenjobs geschah, um ein Studium zu finanzieren. Zusammen mit der Selbstorganisation, das heißt die Fähigkeit, auch mit unvorhergesehenen Situationen zurechtzukommen, entsteht bei den Befragten in letzter Konsequenz das Gefühl: Alles steht offen, alles ist möglich. Allerdings nicht in allgemeiner Beliebigkeit, sondern mit dem Bewusstsein, dass dies mit den entsprechenden Konsequenzen verbunden ist: Man muss dann auch bereit sein, die entsprechenden Schritte tatsächlich zu gehen. Dazu passt es, dass die Befragten sehr bewegte Biografien aufweisen und keine Angst zeigen, sich immer wieder zu verändern, um etwas Neues zu versuchen:

> *„Aber das würde ich jetzt, um ein Bild zu beschreiben oder, dass Sie sich das vorstellen können, würde ich sagen ja. Offenes, weites Land. Alles steht Ihnen*

offen. Sie können alles machen. […] Ich glaube auch, dass ich, wenn ich jetzt sagen würde, ich breche das jetzt ab. Ich mache etwas ganz anderes, dass ich da genauso erfolgreich sein würde. Das glaube ich. Ohne vermessen zu sein. Und ohne rücksichtslos gegenüber anderen zu sein.“ [I4: 1333–1342]

Dies sagt jemand, der selbstständig ist, wirtschaftlich abgesichert dasteht und durch seine Tätigkeit ein hohes gesellschaftliches Ansehen besitzt. Dies alles hält ihn nicht davon ab, eine weitere Ausbildung zu machen und dadurch eine erneute Transformation seiner beruflichen Tätigkeit einzuleiten. Ebenso wird deutlich, dass es hier nicht um eine Selbstverwirklichung um jeden Preis geht, darauf deuten ja schon die letzten Worte des Zitats hin. Hier geht es vielmehr darum, den eigenen Weg in Einklang mit den gesellschaftlichen Realitäten so zu gestalten, dass er den aktuellen Fähigkeiten, Interessen und Bedürfnissen entspricht. Auch hier fällt der Bezug zu Goethes Pädagogische Provinz ins Auge: „Übe Dich zum tüchtigen Violinisten und sei versichert, der Kapellmeister wird dir deinen Platz im Orchester mit Gunst anweisen. Mache ein Organ aus Dir und erwarte, was für eine Stelle dir die Menschheit im allgemeinen Leben wohlmeinend zugestehen wird“ (Wilhelm Meisters Wanderjahre, Viertes Kapitel, erstes Buch).

2.5 Versäumnisse und Empfehlungen

Bei all dem Positiven und der persönlichen Dankbarkeit gegenüber der Schule hat es auch Dinge gegeben, die von den Ehemaligen im Rückblick vermisst wurden oder die zumindest verstärkt werden sollten. Dazu gehören zum Beispiel fachliche Aspekte wie der Wunsch in den Naturwissenschaften und Sprachen etwas mehr Knochengerüst mitzubekommen, was meist in Hinblick auf ein späteres Studium ausgesprochen wird. Auch die damalige Raumsituation wurde punktuell, wie zum Beispiel in Hinblick auf den Sportunterricht als begrenzend empfunden. Ansonsten wird eher die Empfehlung formuliert, die vielen positiven Seiten der erfahrenen Vielfalt im Angebot auf jeden Fall zu erhalten.

Was den handwerklichen Aspekt betrifft, gibt es in Bezug auf die Vergangenheit gar keine nennenswerte Kritik. Diejenigen Ehemaligen, die durch eigene Kinder oder Kinder von Bekannten noch Einblick in die Schule haben, sehen allerdings gegenwärtige Aufgaben, um die zukünftige Qualität der Berufsausbildung zu sichern. Diese bestehen vor allem in der Empfehlung, die Qualität der Lehrkräfte aufrechtzuerhalten. Insbesondere die Werkstattleiter haben aus Sicht der Ehemaligen eine Doppelfunktion, es geht eben nicht nur um die Fachkompetenz der Meister, sondern auch um eine zusätzliche pädagogische Kompetenz, die für die Qualität der Ausbildung genauso wichtig sei. Auch die Gruppengröße spielt hier eine Rolle, damit eine sinnvolle Betreuung gewährleistet bleibt. Hier sollte die Schule aus Sicht einiger Ehemaligen für die

Zukunft investieren. Angeregt wurde auch, das Angebot der verschiedenen Ausbildungsberufe noch einmal kritisch zu überprüfen. Eventuell haben sich ja in den letzten 35 Jahren doch Veränderungen in der Berufswelt ergeben, die stärker integriert werden müssten.

2.6 Innere Bilder für die Schule

Zum Ende des Interviews wurde jeweils die Anregung gegeben, die Erfahrungen an der Schule in ein Bild zu bringen. Diese Angaben beziehen sich nicht nur auf den berufsbildenden Aspekt, sondern auf die Schulerfahrungen insgesamt. Überraschenderweise verweisen alle Antworten auf Naturbilder: Mehrfach wird das Bild eines Baums oder einer Blumenwiese beschrieben. Ein Baum, der alle Jahreszeiten an sich trägt und einer Gemeinschaft Schutz bietet, oder eine Blumenwiese, die zum Erkunden und Erforschen einlädt. Je nach der Grundhaltung des Befragten kann sich die Blumenwiese auch in eine offene Savanne transformieren, die zu einem Abenteuer ruft und die eine Landschaft darstellt, in der man sich völlig frei bewegen kann. Auch eine Ackerlandschaft mit einem Sämann erscheint in den Schilderungen und verweist auf Wachstum und Entwicklung. Die Schilderung eines Strandes, an dem die Wellen kommen und gehen und dennoch Kontinuität besteht, deutet auf eine Einheit auf tieferer Ebene an.

Allen Bildern gemeinsam ist die Lebendigkeit der Natur in ihrer Vielfalt und ihre Fähigkeit zum Wandel. Es wird ein Bild von einem geschützten Raum für eine Gemeinschaft entworfen, in den man sich gern hinein begibt, der Sicherheit verspricht und zugleich auch Möglichkeiten bietet, sich selbst in verschiedener Weise zu erproben. Dieser Raum ist ferner mit den Qualitäten von Offenheit und Wärme ausgestattet – also insgesamt ein ideales Entwicklungsfeld für die eigene Persönlichkeit.

Damit werden im Wesentlichen drei Felder eröffnet: Erstens die Beziehung zur Natur, zweitens die Beziehung zum anderen, die hier durch den Gemeinschaftsaspekt angesprochen wird und drittens eine Beziehung zu sich selbst, indem man in einen Raum gerät, in dem man ein vielfältiges Angebot erhält und in dem man ausprobieren kann, was gut zu einem selbst passt. Auch hier ist der Bezug zu Goethes Ehrfurchtslehre erkennbar und damit zu einer ganzheitlichen Pädagogik, in der die Natur und die Beziehung zu anderen Menschen auf der Grundlage der Selbstachtung praktisch eingeübt wird. Nur wer sich selbst achtet, kann dem konkret anderen Menschen gegenüber Achtung und Anerkennung aufbringen. Das Gegenteil davon ist die „Fernstenliebe“, wo es nicht um den konkreten einzelnen Menschen geht, sondern um Ideologie, um Systeme, um das „Klassenwesen“ etc. Wenn es gelingt, den beruflichen Bildungsweg der Waldorfschule, also die praktische und helfende Tätigkeit in Form von konkreten, notwendigen und brauchbaren Produkten, als Hinwendung zum konkreten Menschen mit allgemeinen Ideen von sozialer und politischer Gerechtigkeit zu verbinden, dann entsteht jener „praktischer Idealismus", der auch in den Biografien erkennbar ist.

Der Bezug zur Natur, der Bezug zum Anderen und der Bezug zu sich selbst sind aber nach Scharmer Dinge, die in unserer Gesellschaft verloren zu gehen drohen, der eine zunehmende Entfremdung von der Natur, eine Entfremdung vom anderen und eine Entfremdung von sich selbst beobachtet (Scharmer 2014). Die wirksamen Kräfte dabei sind drei innere Blockaden, die Scharmer als Voice of *judgement* (blockiertes Denken), *Voice of cynicism* (blockiertes Fühlen) und *Voice of fear* (blockiertes Wollen) beschreibt. Vorurteile verhindern, dass wir offen auf Neues zugehen, Zynismus trennt uns emotional von unserer Umwelt und wir verlieren den Kontakt und die innere Stimme der Angst hält uns davon ab, mutig unseren eigenen Weg zu gehen. Durch die in den letzten Kapiteln dargestellten Befunde ist deutlich geworden, dass die Ehemaligen der Hiberniaschule aber ein starkes Gegengewicht dazu entwickelt haben, dadurch das sie *Mut* für ihre eigenen Ziele entwickeln, dadurch, dass sie sich in schwierigen Situationen nicht in sich zurückziehen, sondern in *Kontakt* mit dem Prozess bleiben und schließlich auch dadurch, dass sie gelernt haben, die Kontrolle aufzugeben – wodurch nur die Vergangenheit reproduziert würde – weil sie ihrer eigenen *Improvisationskraft* vertrauen.

Offenbar können die Hiberniaschüler das Wagnis des offenen Weges und einer offenen Zukunft eingehen, weil sie die Sicherheit gewonnen haben, den unbekannten Herausforderungen durch das solide Handwerkszeug einer beruflichen und zugleich allgemeinen Handlungskompetenz und in Verbindung mit einem tatsachengehärteten Denken zu begegnen. Dabei haben sie, „nebenbei" Augenmaß gelernt, als implizites Wissen und Können über sich, und zugleich auch, sich als Person, mit ihren jeweiligen Stärken und Schwächen, in diesen Prozess einzubringen. Dazu gehört auch „Ambiguitätstoleranz", die gerade für soziale Prozesse so notwendig ist.

2.7 Zwei Kurzporträts

Die beiden folgenden Kurzporträts stellen den weiteren biografischen Verlauf von Persönlichkeiten dar, die bereits nach ihrem Schulabschluss vor 35 Jahren von Gessler interviewt worden waren[48]. In den einzelnen Porträts werden daher auch die von Gessler verwendeten anonymisierten Namen verwendet.

Der Aufbau der einzelnen Darstellung hat dabei jeweils die folgende Struktur:

48 Gessler 1988.

Ein Motto als Titel,
Ein Zitat als Ergänzung des Mottos,
Rückblick auf die Schulzeit aus heutiger Sicht,
Der berufliche Werdegang danach,
Aus der Schule mitgebrachte Fähigkeiten für das Berufsleben aus heutiger Sicht,
Bild für die Schule.

Wie ist es diesen Persönlichkeiten in den letzten 35 Jahren nach Abschluss ihrer Schulzeit im Berufsleben ergangen? Welche Unterstützung haben sie aus heutiger Sicht dazu aus ihrer Schulzeit mitgebracht? Und welche Bedeutung kommt aus Sicht der Befragten dabei der beruflichen Ausbildung zu? Dies waren die Leitfragen, die den Porträts zugrunde liegen.

2.7.1 Harmonische Persönlichkeitsbildung statt Spezialistentum – Christoph der Möbeltischler[49]

„Im Vergleich mit anderen erkenne ich, dass ich eine vielfältige Bildung von der Schule mitgenommen habe.“

Christoph hat durch die Schulerfahrungen seiner eigenen Kinder, aber auch durch diejenige von Freunden und Bekannten ein sehr differenziertes und multiperspektivisches Bild auf seine eigene vergangene Schulzeit erworben, das durch den Vergleich untermauert wird. Dadurch wird nicht nur eine persönliche Erlebnisdimension sichtbar, sondern auch eine gesellschaftliche Sicht auf die Schule allgemein. Für beide Aspekte zieht Christoph eine positive Bilanz.

Die harmonische Ausbildung der Persönlichkeit hat für Christoph eindeutig Vorrang vor einem eindimensionalen Spezialistentum. In der Begegnung mit anderen Menschen hat er immer wieder erleben können, dass die Schule ihm damals eine umfassende Allgemeinbildung mitgegeben hat. Die Verbindung von „Kopf und Hand“ spielt dabei für Christoph eine zentrale Rolle. Das vielfältige Angebot der Fächer und der gestalterischen Möglichkeiten sieht er im Rückblick als einen großen Schatz an. Dabei war sich Christoph schon während der Schulzeit der Sonderstellung seiner Schule in der öffentlichen Bildungslandschaft sehr bewusst. Die Siedlung, in der Christophs Eltern damals lebten, war durch das Arbeitermilieu des Hibernia-Chemiewerks geprägt und da konnte es nach einer Niederlage des Fußballklubs Schalke auch schon mal rüde zugehen. Dadurch war Christoph sehr früh mit der „Realität“ konfrontiert: Auf der einen Seite gab es die Oase Schule, auf der anderen Seite aber auch die raue Wirklichkeit in der direkten Umgebung des Stickstoffwerks. Und seine Freunde und Spielkameraden aus diesem Umfeld, die überwiegend eine Regelschule besuchten, betrachteten die Hiberniaschule durchaus

49 Vgl. Gessler 1988, Seite 161ff.

auch skeptisch, teilweise sogar als „Doofenschule", sodass Christoph schon sehr früh in seiner Schulzeit durch diese konfrontierende Außensicht dazu herausgefordert wurde, seine eigenen Erfahrungen in der Schule bewusst zu reflektieren und sich ein eigenes Bild der Sache zu machen. Die zwei Welten, die er dadurch als Schüler und im Freundeskreis erlebte, waren ihm in ihrer Verschiedenheit immer präsent. Und die Besonderheiten der Hiberniaschule, die sich ja nicht nur durch Fächer wie Eurythmie, sondern auch durch die handwerkliche Vielfalt auszeichnete, lernte Christoph früh zu schätzen und auch – wenn es darauf ankam – Kritikern gegenüber zu verteidigen. Meist ging es dabei darum, dass die Ausbildung in ihrem Wert angezweifelt wurde und behauptet wurde mit einem Waldorf-Abi „könne man ja doch nichts machen".

Bei all dem ist ihm der Realitätsbezug in der Schule besonders wichtig: Wenn man zum Beispiel in der Schreinerei etwas fertigt, das dann auch tatsächlich später von anderen benutzt wird, dann kommt ein wichtiger sozialer Aspekt in die eigene Arbeit hinein.

Neben der Vielfalt ist für Christoph an der Schule aber auch der Zusammenhalt der Klasse wichtig gewesen, der sich durch Klassenfahrten und gemeinsame Praktika immer weiter verstärkt hat, und den er damals auch als intensiver erlebt hat als das, was er in der Gegenwart wahrnimmt. Als einen weiteren Aspekt hebt Christoph insbesondere einzelne Lehrerpersönlichkeiten hervor, die ihm Weltzugänge erschlossen und eigene Interessen bewusst gemacht haben.

So verdankt er der Fachkundelehrkraft in der Schreinerei, dass ihm während der Schulzeit seine Beziehung zur Natur bewusst wird. Als eine der ersten Erfahrungen, die ihm eine mögliche Berufsperspektive eröffnen, schildert er seine Erfahrung mit einer regelmäßigen Baumbeobachtung über einen längeren Zeitraum, die durch die Lehrkraft angeregt wurde. Dieses früh durch die Schule geweckte Interesse für ökologische Zusammenhänge führte zu der Idee, später einmal Forstwirtschaft zu studieren, was er auch nach dem Abitur zunächst auch erst einmal anstrebt. Denn hierbei wird nicht nur Christophs Beziehung zu Tieren angesprochen – im Elternhaus gab es immer Hunde – sondern auch das Interesse zur Arbeit mit dem Holz, das er während seiner Ausbildung in der Schreinerei vertiefen konnte.

Da Christoph bereits früh erfahren hat, dass es in der Welt viele Perspektiven gibt – zum Beispiel durch die Freunde während seiner Schulzeit, die nicht Waldorfschüler waren, informiert er sich zunächst ausführlich über die Bedingungen eines Forstwirtschaftsstudiums. Dabei findet er heraus, dass dieses Studium sehr betriebswirtschaftlich angelegt ist und außerdem zur Folge hätte, den späteren Beruf auch in dem Bundesland auszuüben, in dem das Studium erfolgte. Da die Tendenz, den Wald vorwiegend unter wirtschaftlichen Aspekten zu betrachten, dem ursprünglichen Motiv Christophs widersprach, entschied er sich zunächst einmal für einen anderen Schritt, nämlich einem Praktikum bei einer Tierärztin in Wanne, um seine zweite Affinität – die Beziehung zu den Tieren – auf den Prüfstand zu stellen.

Diese Erfahrung verlief dann sehr positiv, sodass Christoph sich entschloss, Tiermedizin zu studieren. Der Numerus clausus war damals für dieses Fach eine ziemliche Hürde, aber nach dem Zivildienst schaffte es Christoph, durch den Bonus einen Studienplatz in Gießen zu bekommen. Seine Studienzeit hat Christoph durchweg in guter Erinnerung. Da es nur vier Universitäten gab, an denen man damals Tiermedizin studieren konnte, kam dort eine sehr gemischte Studentengruppe zusammen. Christoph war der Einzige, der aus dem Ruhrgebiet kam – und was für ihn viel entscheidender war: Er war das „Stigma“ der Hiberniaschule – eine Art von Förderschule zu sein – endgültig los: Unter seinen Kommilitonen spielte das keine Rolle mehr, sondern es ging nur noch darum, wie man mit der Fülle des Stoffes klarkam. Und dies gelang Christoph ziemlich gut, sogar besser als vielen Abiturienten mit einem Einser-Schnitt. Christoph führt dies auf sein Durchhaltevermögen beim Lernen zurück und auf seine Fähigkeit, Dinge praktisch umsetzen zu können – beides Dinge, die er an der Schule gelernt hatte. Für Christoph war damit endgültig klar, dass es eher ein Vorteil war, die Hiberniaschule besucht zu haben. Für die theoretischen Fächer stehen sein Durchhaltevermögen und seine Improvisationsfähigkeit auf der Haben-Seite der Bilanz. Und bei den praktischen Aufgaben des Studiums kann er auf das ganze Spektrum der handwerklichen Grundlagen aus der Schule zurückgreifen.

Christoph geht darauf den akademischen Weg über eine Promotion und eine wissenschaftliche Tätigkeit an der Hochschule, ohne die praktischen Aspekte dabei aus den Augen zu verlieren, die ihn schließlich in eine Tierarztpraxis führen, in der er aktuell auch tätig ist. Dabei fallen in der Arbeit mit Pferden immer wieder handwerkliche Herausforderungen an, bei denen Christoph auf sein handwerkliches Geschick und seine Kenntnis der Materialien zurückgreifen kann.

Durch die frühe Auseinandersetzung mit den verschiedenen Welten in seiner Schulzeit und der Bestätigung im Studium, wie wichtig die Schulzeit für ihn gewesen ist, hat das Thema Bildung Christoph nicht mehr losgelassen. Er schaut mit Interesse und Engagement auf die deutsche Bildungslandschaft und hat dabei auch Vergleiche mit anderen europäischen Ländern im Blick. Längere Zeit hat er sich auch ehrenamtlich für seine alte Schule engagiert, da ihm heute bewusst ist, wie wertvoll die vielseitige und handwerkliche Ausbildung für Jugendliche ist. Diese Erfahrung bestätigt sich auch in der Entwicklung seiner eigenen Kinder. Er weiß aber auch, dass ein bewährtes Modell aus der Vergangenheit kein Selbstläufer ist und auch schnell kippen kann, wenn es nicht ständig gepflegt und im Wandel der Zeit weiterentwickelt wird.

Dieses Motiv zeigt sich auch in dem Bild, dass er für die Schule zeichnet: „Ein Strand, an dem die Wellen kommen und gehen, ein ständiger Wandel und doch eine Kontinuität", und er fügt hinzu: „Immer etwas anderes haben und immer etwas anderes schaffen". Dies könnte auch ein Motto für die kontinuierliche Entwicklung einer Schule sein, die in einer sich verändernden Gesellschaft bestehen muss. Und an dieser Aufgabe nimmt Christoph neben seiner Arbeit nach besten Kräften teil.

2.7.2 Aus der Geborgenheit heraus sich in der großen Welt behaupten – Anna, die Möbeltischlerin[50]

„Manchmal muss man sich durchbeißen – und wenn es an einer Stelle mal nicht mehr weitergeht, dann werde ich woanders etwas machen können."

Anna hat sich an der Hiberniaschule zu Hause gefühlt und dieses Heimatgefühl ist ihr bis heute erhalten geblieben. Im Rückblick schätzt sie besonders das Rhythmische und Ritualisierte während ihrer Schulzeit. Dazu zählt sie vor allem auch die Klassenspiele und die Erlebnisse im Chor, die sie sehr getragen haben. Sie hat überhaupt die vielfältigen Angebote an der Schule genossen und sich dabei mit vielen Dingen so verbunden, dass sie später in ihrem Leben immer wieder bewusst danach gesucht hat. Von der Schule hat sie aus heutiger Sicht genug für das Leben „mitbekommen". Damit ist auf der einen Seite das Grundvertrauen gemeint, immer einen Weg zu finden und auf der anderen Seite aber auch die Fähigkeit, sich durchbeißen zu können, wenn es darauf ankommt. Denn die Arbeit in den Werkstätten ist ihr nicht immer leichtgefallen. Dass es zwischen Theorie und Praxis noch das unterstützende Feld der künstlerischen Aktivitäten gab, hat Anna immer wieder mit neuer Energie versorgt. Die Vielfalt der Schule kommt Anna auch noch aus einem weiteren Grund sehr entgegen, denn sie hat die Fähigkeit, sich für Vieles begeistern zu können.

Genau diese Eigenschaft stellt sie nach dem Abitur zunächst einmal vor eine Herausforderung: Was soll sie jetzt tun? Für welchen von den vielen möglichen Wegen soll sie sich entscheiden? Damit sieht sie sich zunächst einmal auf sich selbst zurückgeworfen. Sie selbst wäre in der Schule lieber in die Schneiderei gegangen und hat die Ausbildung in der Schreinerei nur mit einem anfänglichen Widerstand angefangen. Dies hat ihr aber letztlich eine wichtige Erfahrung verschafft, nämlich das Selbstvertrauen, sich auch gegenüber Widerständen behaupten zu können. Schließlich gefiel ihr die Arbeit mit dem Holz aber dann doch so gut, dass Anna in Erwägung zog, nach dem Abitur eventuell in eine Restauratoren-Ausbildung zu gehen. Dies ließ allerdings praktisch nicht realisieren, daher entschied Anna sich, nach der Schulzeit zunächst für eine Ausbildung als Buchhändlerin. Denn sie wollte

50 Vgl. Gessler 1988, Seite 180ff.

einen praktischen Beruf erlernen, auf den sie gegebenenfalls zurückgreifen kann. Sie besaß zwar eine abgeschlossene Schreinerausbildung, aber für sie war klar, dass sie diese Tätigkeit nicht beruflich ausüben wollte. Im Hintergrund spielte dabei auch die Überlegung mit, später vielleicht in die von der Tante geführte Buchhandlung einzusteigen.

Die Ausbildungsplätze für angehende Buchhändler waren begehrt und Anna macht die Erfahrung, dass ihr just die abgeschlossene Schreinerlehre zum Ausbildungsplatz in der Buchhandlung verhilft, weil dies ein Alleinstellungsmerkmal darstellt. So hat die anfangs nur mit Widerstand aufgenommene Berufsausbildung in der Schreinerei ihr zumindest noch zu einem weiteren Einstieg verholfen. Anderseits wird Anna in der Arbeit in der Buchhandlung schnell klar, dass sie ihr ganzes Berufsleben nicht dort verbringen möchte. Und so wagt sie sofort den nächsten Schritt, indem sie parallel zur Arbeit in der Buchhandlung abends eine Ausbildung zur Fremdsprachenkorrespondentin beginnt.

Während die Entscheidung für die Buchhandlung eine Sicherheitsoption war, ist der Schritt auf eine Vertiefung in die Fremdsprache Englisch eine echte Neigungsentscheidung. Denn der Russischunterricht am Studienkolleg hatte ihr sehr viel Spaß bereitet und Anna hat dabei auch eine gewisse Sprachbegabung bei sich feststellen können, da sie im Englischen rasche Lernfortschritte erzielen konnte. Hinzu kam, dass Anna durch die Berufsausbildung in der Schule lange Arbeitstage gewöhnt war, die den Auszubildenden am Nachmittag auch noch Theoretisches abverlangten. Das gab ihr das Selbstvertrauen, am Abend noch eine zweite Ausbildung zugleich zu machen. Und der Erfolg gab ihr recht.

Nach einer kurzen beruflichen Episode im Modebereich gelingt es Anna, aushilfsweise als Übersetzerin von technischen Einbau- und Wartungsvorschriften für ein mittelständisches Unternehmen zu arbeiten. Aus der Aushilfe wird schließlich eine feste Anstellung als Assistentin des Vertriebsleiters in derselben Firma. Dort bleibt Anna eineinhalb Jahre, bis sie feststellt, dass sie in diesem Umfeld nichts Neues mehr lernen kann. Es wird ihr dort zu eng und es zieht sie in die Weite.

Anna macht diesmal einen ganz großen Schritt. Über sehr verschlungene Wege und auch mit sehr viel Energieaufwand ihrerseits gelingt es Anna, in einen zweijährigen Studentenaustausch nach China zu kommen. Damit ist nun der größte Kontrast zum Behütetsein in der Schule und Anna war bewusst, dass sie sich damit gänzlich aus allem bisher Bekannten und Vertrauten herauslösen würde.

Die Erfahrungen in China und der Umgang mit der neuen Sprache inspirieren Anna so sehr, dass sie sich nach ihrer Rückkehr nach Deutschland entschließt, ein Studium der Sinologie zu beginnen. Da sie unabhängig bleiben will, finanziert sie sich ihr Studium selbst, indem sie nebenbei zunächst in einer Buchhandlung jobbt, dann andere Gelegenheitsjobs übernimmt, um schließlich bis zum Abschluss ihres Studiums als Assistentin der Geschäftsführung in einem kleineren Unternehmen zu arbeiten. Jetzt zeigt sich der ganze Wert ihrer abgeschlossenen Ausbildungen: Diese verschaffen ihr jetzt die Unabhängigkeit, die sie braucht, um für sich allein ihren Weg zu finden.

Nach dem Studium reist Anna ein zweites Mal für mehrere Monate nach China, diesmal mit dem konkreteren Ziel, Artikel über das sich verändernde China zu schreiben und dafür erste Erfahrungen zu sammeln. Es gelingt ihr anschließend zu einem Volontariat bei einer kleinen Zeitschrift zugelassen zu werden. Die Zeitschrift muss aber leider nach Abschluss des Volontariats eingestellt werden, da für Printmedien insgesamt schwierige Zeiten anbrechen. Anna hat zwar auch anfänglichen Erfolg mit dem Schreiben eigener Geschichten, aber um finanziell unabhängig zu bleiben, greift sie auf ihre Assistenz- und Übersetzungstätigkeit zurück. Diese Tätigkeit zieht sich nach Abschluss der Ausbildung zur Buchhändlerin wie ein roter Faden durch Annas Arbeitsbiografie. Durch die Verschiedenheit der Unternehmen, in denen sie tätig ist, erlangt sie im Laufe der Zeit nicht nur immer mehr Erfahrung, sondern auch verantwortungsvollere Positionen.

Damit ist Anna „im Leben angekommen" und hat gelernt, unabhängig und selbstständig ihr eigenes Leben zu gestalten. Dieses „auf eigenen Füßen" stehen, war ihr sehr wichtig, und so viel sie auch von der Schule und ihren Eltern mitbekommen hat, hat sie das Ziel, aus eigener Kraft ihren Weg zu finden und ihre vielfältigen Interessen in eine berufliche Tätigkeit zu integrieren, nie aus den Augen verloren. Es passt daher auch die Gründung einer eigenen Familie in diese Lebensphase gut hinein. Anna bekommt zwei Kinder und konzentriert sich zunächst erst mal auf diese neue Aufgabe. Der Kontakt zur Arbeitswelt bleibt aber bestehen und Anna ist heute in einer international aufgestellten Firma mit Mutterhaus in England als Assistentin der Geschäftsführung tätig und hat in der deutschen Dependance große Entscheidungsfreiheiten und Verantwortung. Im Grunde hat sie damit in dieser Tätigkeit, die von großer Vielfältigkeit und der Zweisprachigkeit geprägt ist, diejenigen Elemente zusammengeführt, die sie schon in der Schule begeistert haben und die sie später einzeln erprobt hat. In der Verantwortung für Auszubildende kommt auch der soziale Aspekt wieder zum Tragen, der Anna früher in der Erfahrung im Sozialpraktikum so wichtig war. Dass sie keine Dolmetscherin oder Restauratorin geworden ist, bedauert Anna heute nicht mehr, denn ihre aktuelle Tätigkeit bietet ihr insgesamt ein viel größeres Spektrum an Aufgaben und Verantwortung.

Sie blickt heute daher sehr dankbar auf ihre Schulzeit zurück, in der ihr so „Vieles mitgegeben wurde" für ihren Weg, auch wenn sie aus der heutigen Perspektive auch einzelne Dinge kritisch sieht. Insbesondere würde sie befürworten, dass es in der Oberstufe mehr Wahlmöglichkeiten und

Entscheidungsfreiheiten geben sollte. So angenehm das fest Vorgegebene an der Schule auch war, so notwendig ist es aus Annas heutiger Sicht auch, Initiative und Entscheidungsfähigkeit bei den Heranwachsenden zu fördern, um sie möglichst gut auf den Übergang zum Beruf vorzubereiten. Eine prägende Erfahrung in der Schulzeit war für Anna auch das Sozialpraktikum in der Heilpädagogik, denn dort hat sie gelernt auch mit schwierigen Situationen umzugehen, was ihr später immer wieder geholfen hat.

Als Bild für die Schule beschreibt Anna eine unendlich große, bunte Blumenwiese mit vielen unterschiedlichen Blumen, in der man unbeschwert herumstreifen und das vielfältige Angebot erkunden kann. In diesem Bild wird ein geschützter Raum beschrieben, in dem man *ausprobieren* kann, auch *sich selbst ausprobieren* kann. Sie beschreibt sich selbst in diesem Bild als Erkundende, als aktiv Handelnde integriert, was betont, wie wichtig es ist, nicht nur eine emotionale Verbindung zu Fächern oder Themen aufzubauen, sondern sich auch handelnd darin zu bewegen und damit Erkenntnisse über sich selbst zu gewinnen. Dies hat Anna ja auch in ihrer weiteren Biografie fortgesetzt – und das zentrale Thema dabei ist nicht: „Wie finde ich den richtigen Beruf?“ Sondern die zentrale Frage ist: „Wie bewege ich mich sicher und selbstbestimmt durch meine Berufsbiografie?“ Also geht es eher um die Frage, wie der nächste Schritt gestaltet werden kann. Und daher ist es durchaus offen, was sich in der Zukunft noch ergibt. Und diese Fähigkeit, sich in offenen Situationen sicher zu bewegen, die Anna sich im Laufe ihrer Berufsbiografie erworben hat, stellt zugleich auch eine zentrale Kompetenz für unsere aktuelle Arbeitswelt dar.

2.7.3 Bezugnahme zu den abschließenden Kommentaren Gesslers

Gessler hat die Erfahrungen aus den Interviews und den sonstigen Wahrnehmungen an der Hiberniaschule in einem Rückblicks-Kapitel dargestellt[51]. Zusammenfassend werden von Gessler drei Aspekte genannt, die auch in den aktuellen Interviews in allen Punkten bestätigt werden können:

> *„1. Die Schulzeit an der Hiberniaschule wird allgemein als eine wichtige und wertvolle Lebenszeit erinnert, in der viele Fähigkeiten und Werte angelegt, gestärkt oder jedenfalls nicht verletzt wurden, die den ehemaligen Hiberniaschülern heute noch wichtig sind.*
>
> *2. Der Besuch der Hiberniaschule fördert Selbstbewusstsein und Selbstsicherheit.*
>
> *3. Kritik gegenüber der Hiberniaschule wird vom Standpunkt der Überzeugung von den Grundprinzipien dieser Schule aus geäußert.“*[52]

51 Gessler 1988, Seite 254ff Kapitel 2.2.3: Rückblick auf meine Arbeit am Modellschulversuch der Hiberniaschule.

52 *Gessler 1988, S. 267.*

Aus den aktuellen Ergebnissen wären dazu noch die folgenden Punkte zu ergänzen:

- Die Ehemaligen der Hiberniaschule haben eine Fähigkeit zur Selbstorganisation aus der Schule mitgenommen und sie haben gelernt, mit offenen und widerständigen Situationen gut umzugehen.
- Es existiert bei allen Befragten ein Grundvertrauen, dass sie aus eigener Kraft ihren Weg im Leben finden können.
- Die biografischen Verläufe der aktuell Befragten weisen zwar insgesamt viele Wendungen auf, aber keine „Brüche“. Die berufsbiografische Entwicklung zeigt insgesamt eine *plastische* Signatur, insofern als die Hibernia-Ehemaligen auch in Krisensituationen mit dem Geschehen in einem engen Kontakt bleiben und daraus eine Lösung entwickeln, anstatt sich zurückzuziehen und zu grübeln.

In Bezug auf die einzelnen Persönlichkeiten sind in dem damaligen Resümee von Gessler ebenfalls bereits dieselben Tendenzen zu erkennen, die sich in den aktuellen Kurzporträts und der Gesamtanalyse gezeigt haben. Aus den Aussagen „des bedächtigen, fast überernsten Tischlers Christoph“[53] war zu entnehmen, dass die Begegnung mit den Meistern in der Werkstatt eine gewisse ‚Erdung‘ mit sich brachte:

> *„Wichtig war aber nicht nur die mit Händen zu greifende Brauchbarkeit des geschaffenen Werkstücks; pädagogisch war offenbar ebenso wichtig, dass neben den eigentlichen Schullehrer, (der nach dem Urteil der Schüler dieses Alters einer Spezies von Mensch angehört, die im außerschulischen Feld schwer einzuordnen ist), dass neben diesen Lehrer der Meister eines praktischen Berufs trat, ein Mensch, der sichtbar und fühlbar anders vor einem stand als die bisher bekannten Lehrer, erdverbundener, ja „ganz normal“ (so drückt sich Anna aus) und den Schülern wie etwa die imponierende Gestalt des Schmiedemeisters als erstes beibrachte, dass über Erfolg oder Nichterfolg handwerklichen Tuns schon die Art und Weise entscheidet, wie einer mit beiden Beinen auf dem Boden steht. Die Lehrer des Schulzimmerunterrichts oder des Kunstzimmerunterrichts wurden von den Informanten mit einem leisen Schmunzeln wiederholt als ‚irgendwie Schwebende‘ geschildert. Ihr Hang zum Schweben fand in der spürbaren Bodenständigkeit der Meister sein wohltuendes Gegengewicht.“*[54]

Diese Tendenz wird in den aktuellen Interviews nach 35 Jahren dadurch bestätigt, dass auch aus heutiger Sicht diese Arbeit in den Werkstätten als ein „Ankommen im Leben“ beschrieben wird. Damit verbunden ist die Bedeutung der Pubertät in diesem Umbruchalter, die von Gessler ebenfalls hervorgehoben wird:

53 Gessler, S. 286.
54 Gessler S. 283–284.

> *„Und wenn es einem dann vor allem in der Zeit der eigentlichen Pubertät so ungeheuer schwer fiel, die Autorität von Menschen zu akzeptieren, so hatten die Werkstattmeister immer noch die unanzweifelbare Autorität der Werkstoffe hinter sich, mit denen sie die Schüler konfrontierten. Natürlich versuchte man als Pubertierender dann und wann auch mit Holz, Stahl und elektrischen Strom so umzugehen, wie wenn man der erste Mensch wäre, der sich daran erprobte. Die Werkmeister konnten diesen prometheischen Protest gegen alles Etablierte mit bedeutend größerer Gelassenheit zusehen als ihre Kollegen im Schulzimmer. Sie waren sich sicher, dass „Eisen erzieht“, wie die Metaller gern sagen. Aber nicht nur die Auseinandersetzung mit Eisen, sondern jede Begegnung mit der handfest erlebbaren Gesetzlichkeit der Materie, wie sie durch die praktischen Curricula der Werkstattunterrichte täglich vermittelt wird, scheint ein Stück Pubertätspädagogik von größtem Wert zu sein, durch nichts anderes zu ersetzen. Der Kunstgriff des Lehrplans, den Schüler dieses Alters auch im gleichzeitigen theoretischen und künstlerischen Unterricht mit der Gesetzlichkeit der Welt in allen ihren Erscheinungsformen zu, griffe ins Leere, wenn er ohne Erdung an der handwerklichen Praxis versucht würde“* (Gessler S. 284–285).

In dem gleichen Sinne betont daher auch eine aktuell Befragte die „wirkliche Autorität durch das Fach“. Neben der beschriebenen „Erdung“ kommt in den aktuellen Interviews auch die Bedeutung der Kunst immer wieder zum Ausdruck – insbesondere auch in ihrer Funktion als Vermittler von trockener Theorie und schweißtreibender Praxis. Die Kunst wird immer wieder als das eigentlich Belebende dargestellt, die auch dann die Kraft gibt, um ein strammes Tagesprogramm überhaupt durchzustehen. Dagegen hat die praktische Arbeit laut Gessler auch noch eine wichtige Funktion in Hinblick auf die Bewertungen:

> *„Der praktische Umgang mit Material vermittelt ein wichtiges Stück Selbsterfahrung. Aber der Schüler dieses Alters will nicht bloß selbst erfahren, was er kann; er will auch wissen, wo er mit seinem Können im gesellschaftlichen Umfeld steht. Er sehnt sich nach der objektiven Zensur, lässt sich aber gleichzeitig von niemandem widerwilliger beurteilen als von jenen Autoritäten, von denen er sich ja gerade loszumachen versucht. Auch diesem Widerspruch gegenüber hat es der Meister in der Werkstatt leichter als sein Kollege im Klassenzimmer, denn er kann die Qualifikation zum guten Teil dem Werkstück selbst überlassen. Die Qualität des Hockers, den man gefügt, des Kleides, das man genäht, des Riegels, den man gefeilt, der Schaltung, die man gebaut hat, ist niemandem besser bekannt als dem Hersteller selbst und überdies jederzeit objektiv nachprüfbar. Und da man in der Werkstatt immer in Gruppen arbeitet, weiß jeder auch, wo er mit seiner Leistung im Quervergleich steht. Für Notenwillkür und die damit verbundene Empörung oder Resignation des Schülers bleibt kaum Spielraum. Wenn aber ein Schüler im Bereich der Praxis erfahren kann, dass es objektive Kriterien für die Bewertung einer Leistung gibt und mindestens dort jede abstrakte Notenziffer, mit der er qualifiziert wird, durch ein konkretes Stück Handarbeit abgedeckt ist, so fällt es ihm nach dem Zeugnis Christophs nicht schwer, seine Leistungen auch in den anderen Bereichen der Schule zensieren zu lassen.*

Wenn die Hiberniaschule, die während der ganzen Unterstufe notenfrei arbeitet, auf Stufe 9, d.h. im Augenblick, wo jeder Schüler seinen Rundgang durch alle Werkstätten antritt, neben die ausführliche Wortqualifikation die abstrakte Leistungsnote treten lässt, so ist der Zeitpunkt dafür geschickt gewählt. Auch hier kommt „ein ganz neuer Ernst in die Sache“ (Gessler S. 285).

In den aktuellen Interviews ebenfalls zum Ausdruck kommt, dass die Ehemaligen generell eine große *Leistungsbereitschaft* für die Gesellschaft zeigen. Leistung für andere wird als objektiv messbar und sozial fruchtbar erlebt. Und dies führt in den Bildungsverläufen der Ehemaligen später zu einer Übernahme von Verantwortung, die sich in allen Interviews zeigt. Das abschließende Urteil Gesslers kann daher insgesamt auch von den aktuellen Befunden voll und ganz untermauert werden:

„Im Rahmen einer Schule, die Denken und Handeln systematisch aufeinander bezieht, bieten sich der Sprach-, Denk- und Handlungsschulung auf jeden Fall Möglichkeiten, die das Gymnasium sich zu seinem Schaden entgehen lässt, indem es das praktische Tun aus seinen heiligen Hallen ausgesperrt hat.“[55]

2.8 Zusammenfassung und Ausblick

Es ist deutlich geworden, dass die Ehemaligen von der Schule „viel mitgenommen haben“ für ihre berufliche Entwicklung und auch für ihre Lebensführung. Dabei führen sie ihren Mut, den eigenen Weg zu gehen, ihre Durchhaltekraft und die Fähigkeit, mit offenen Situationen umgehen zu können auf ihre Schulung in den handwerklichen Fächern und insbesondere auf die Berufsausbildung zurück. Die Schule als Ganzes hat Ihnen aber zugleich auch eine wesentliche Grundlage dafür gegeben, nämlich die Erfahrung des „Angenommen-Werdens“ und des Zu-Hause-Seins.

Die These am Ende dieses Berichts ist, dass diese beiden Aspekte nicht unverbunden nebeneinanderstehen, sondern einen inneren Zusammenhang aufweisen, der auch für die Weiterentwicklung des dualen pädagogischen Ansatzes wichtige Hinweise geben kann. Der bestehende Zusammenhang ist in der folgenden Grafik dargestellt.

Während in Abbildung 1 auf der linken Seite im oberen Abschnitt *seelische Grundhaltungen beschrieben* werden, *stehen* auf der rechten Seite *individuelle Fähigkeiten und Kompetenzen.* Die auf der linken Seite aufgezählten Aspekte beziehen sich auf eine Einstellung gegenüber der Welt. Auf der rechten Seite findet sich dagegen dasjenige, was das Individuum zur Umsetzung für sein Leben braucht. Und so wichtig es ist, dass die Kinder in der ersten Zeit an der Schule ein Grundvertrauen in das Leben entwickeln, so wichtig ist es auch,

55 Gessler, ebenda.

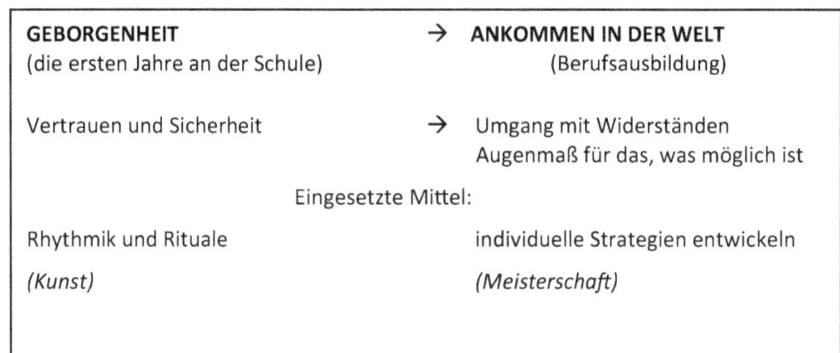

Abb. 3: Grundhaltungen und Kompetenzen

dass man sie später mit Fähigkeiten in die Welt entlässt, mit denen sie in der Welt bestehen können.

Als Übergangsphase zwischen diesen beiden Stufen kann man die Erkundungsphase in den einzelnen Gewerken in den Klassen 7 bis 10 ansehen. Und so wie auf der linken Seite alles steht und fällt mit der künstlerischen Gestaltung des Unterrichts so hängt auf der rechten Seite alles davon ab, ob die Schülerinnen und Schüler am Ende individualisierte Lernstrategien im Umgang mit offenen Situationen erlernt haben. Dafür ist die handwerkliche Arbeit eine geeignete Plattform, denn sie schafft offene Erfahrungsräume, die ein erkundendes Lernen ermöglichen. Allerdings unter der Bedingung einer angemessenen „offenen Führung“.

Für die Bereitstellung offener Erfahrungsräume in einem begleiteten Rahmen sind die folgenden Aspekte besonders wichtig:

Passung der Herausforderungen in den offenen Räumen
Individuelle Begleitung und päd. Kompetenz des Meisters
(Wann eingreifen und wann nicht? Wie viel Freiheit?)
Unterstützung aus der Sache: unmittelbare Fehlerrückmeldung.

Gelingt dies, so kann als Folge davon angesehen werden:

Es entstehen positive Bewältigungsstrategien, die auch auf die Lebensführung übertragbar sind.

Es entwickelt sich eine Urteilsfähigkeit über innere und äußere Stimmigkeit in Form von Kenntnis des Materials und der eigenen Grenzen.

Im Durchgang durch die Widerständigkeiten entsteht Vertrauen in die eigenen Fähigkeiten und die Zuversicht, mit offenen Situationen umgehen zu können.

Es gibt eine zweite Linie, anhand derer der Zusammenhang von Herz, Kopf und Hand in Bezug auf das Lernen für das Leben aus den Schilderungen der Interviewpartner deutlich gemacht werden kann und diese führt vom „Berührtwerden“ über das „Begreifen“ zum „Handeln“. Steht am Anfang des Lernprozesses das „Berührtwerden“, so kann dadurch das persönliche Interesse und die intrinsische Motivation angeregt werden und der Lernende begibt sich von der passiven Seite auf die aktive, er beginnt auf das Lernobjekt zuzugehen, um es zu „begreifen“ und war haptisch und begrifflich. Ist dieser Aneignungs- und Verstehensprozess, der immer auch mit Kompetenzentwicklung einhergeht, schließlich abgeschlossen, dann kann man die Sache „handhaben“. Damit wird der Weg für einen handlungsorientierten Weltbezug ermöglicht. Bin ich berührt worden, dann will ich auch begreifen und im Begreifen verstehe ich nicht nur die Welt, sondern auch mich selbst, weil ich durch die aktive Seite ein Teil des Prozesses bin. Und habe ich etwas begriffen, dann habe ich es in der Hand, dann kann ich es handhaben.

Dieser Bezug zur Hand, der dabei auftritt, hat durchaus auch eine archaische Komponente, aber ganz im positiven Sinne einer handelnden Verortung des Menschen in der Welt. Und dieser archaische Aspekt wird auch konkret in einem der Interviews ausgesprochen:

> *„Und dieses archaische Element, das finde ich so unglaublich, weil das ist etwas, was mich bis heute eigentlich berührt. Dass man mit den Händen was schaffen kann, und das kann einfach eine Maschine nicht. Und wenn man gerade in Arbeitszusammenhängen auch vom Funktionieren spricht, dann spricht man von einer Maschine. Die funktioniert. Aber ein Mensch funktioniert nicht“* [I6: 955–936].

Damit wird ein zentrales Thema des Menschseins angesprochen, das gerade durch die Beherrschung des Technischen, des Handwerklichen errungen wird, statt sich von den immer neuen Errungenschaften einer entmenschlichten Technik überwältigen zu lassen. Um es mit Goethe auf den Punkt zu bringen: „Sich auf ein Handwerk zu beschränken ist das Beste. Für den geringsten Kopf wird es immer ein Handwerk, für den besseren eine Kunst sein, und der beste, wenn er eins tut, tut er alles, oder, um weniger paradox zu sein, indem einen, was er recht tut, sieht er das Gleichnis von allem, was recht getan“ (Wilhelm Meisters Wanderjahre, viertes Kapitel, erstes Buch).

2.8.1 Ausblick

Der berufsbildende und doppelqualifizierende Bildungsgang ist darauf angelegt, ein nachhaltiges soziales und schöpferisches Engagement zu erzeugen. Wenn akzeptiert wird, dass jede gesellschaftliche Reformentwicklung ihrem Wesen nach ein Lernprozess ist, dann wird auch einsichtig sein, dass das Innovationspotenzial einer modernen Gesellschaft in einer solchen Lernkompetenz aller ihrer Mitglieder begründet ist. Die dargestellte Befragung der Ehemaligen kreist um die Frage, wie eine solche Befähigung zu einem selbstbestimmten Lernen und Handeln ausgebildet werden kann und zeigt, dass der doppelqualifizierende Lernweg ein dafür geeignetes Instrument ist, weil er Denken und Handeln, Theorie und Praxis, Individuation und Sozialisation jeweils altersgemäß und sachgerecht in einen sich fördernden Wechselbezug bringt. Die so Geförderten sind gegenüber den Anforderungen unserer Gesellschaft „überqualifiziert“, aber sie besitzen, wie gezeigt, die Kompetenz, auch die Gesamtheit gesellschaftlicher Prozesse und der sie tragenden Institutionen innovativ aber auch zugleich partizipativ zu verändern, d.h., dass alle an ihnen angemessen teilhaben können, um sich dadurch menschlich zu verwirklichen.

Insgesamt wird deutlich: Um die das duale Ausbildungsprinzip in unserer gegenwärtigen Gesellschaft zu stärken, wird der Fokus auf der Persönlichkeitsentwicklung und der Fachbildung zugleich liegen müssen. Und dafür braucht es eine in der Praxis bewährte didaktische Koordination, so wie sie sich an der Hiberniaschule in den letzten Jahren herausgebildet hat. Auch der Einsatz der Kunst ist dafür letztlich unverzichtbar, denn sie hält die nötige Balance zwischen der Ernsthaftigkeit, die alle berufliche Arbeit durchdringt und dem Maß an Freiheit, das für eine persönliche Entwicklung unabdingbar ist.

Es ist zu hoffen, dass durch den praktischen Idealismus, der in diesem Bildungsgang veranlagt wird, neue und konstruktive Formen des Mitdenkens, Mitbestimmen und Mitverantwortens in alle Bereiche der Gesellschaft hineingetragen werden. Darin liegt die besondere Chance eines Reformprozesses, der zwar gesamtgesellschaftlich gedacht und gewollt ist, aber schwerpunktmäßig im Bereich des Schul- und Bildungssystems der Gesellschaft beginnt.

Literaturverzeichnis

Arnold, Rolf/Schüßler, Ingeborg (2010) *Ermöglichungsdidaktik – Erwachsenenpädagogische Grundlagen und Erfahrungen,* Schneider Verlag Hohengehren.

Arnold, Rolf/Gómez Tutor, Claudia (2007) *Grundlinien einer Ermöglichungsdidaktik: Bildung ermöglichen – Vielfalt gestalten*, Ziel Verlag.

Barz, Heiner/Randoll, Dirk (2007) *Absolventen von Waldorfschulen*, VS Verlag für Sozialwissenschaften.

Barz, Heiner/Liebenwein, Sylva/Randoll, Dirk (2012) *Bildungserfahrungen von Waldorfschulen*, Empirische Studie zu Schulqualität und Lernerfahrungen, Springer VS Verlag.

Brater, Michael/Wehle, Ernst-Ulrich (1982) *Bildungs- und Berufsbiographien ehemaliger Kasseler Waldorfschüler*: Erfahrungen mit der Integration beruflicher und allgemeiner Bildung in der Freien Waldorfschule Kassel; Nachbefragung von Absolventen einfach- u. doppelt-qualifizierter Ausbildungsgänge, Frankfurt a.M.: Diesterweg.

Brater, Michael (1998) *Beruf und Biographie,* Gesundheitspflege initiativ, Esslingen.

Brater, Michael/Büchele, Ute/Fucke, Erhard/Herz, Gerhard (1988) *Berufsbildung und Persönlichkeitsentwicklung,* Verlag Freies Geistesleben.

Dahlin, Bo (2007) *The Waldorf School – Cultivating Humanity? A report from an evaluation of Waldorf schools in Sweden.* Karlstad University Studies, [1].

Crawford, Matthew B. (2015) *Ich schraube, also bin ich – Vom Glück, etwas mit den eigenen Händen zu schaffen*, Ullstein, Berlin.

Crawford, Matthew B. (2011) *Die Wiedergewinnung des Wirklichen – Eine Philosophie des Ichs im Zeitalter der Zerstreuung*, Ullstein, Berlin.

Edding, Friedrich/Mattern, Cornelia/Schneider, Peter (Hrsg.*): Praktisches Lernen in der Hibernia-Pädagogik.* Klett Cotta, Stuttgart 1985.

Fucke, Erhard (1996) *Der Bildungswert praktischer Arbeit – Gedanken zu einer Lebensschule,* Verlag Freies Geistesleben.

Gessler, Lucius (1988) *Bildungserfolg im Spiegel von Bildungsbiographien*, Verlag Peter Lang, Frankfurt a.M.

Gessler, Lucius (1985) Vom *Nutzen der Zweibeinigkeit – Lernbiographische mit ehemaligen Hiberniaschülern*, In: Edding, Friedrich/Mattern, Cornelia/Schneider, Peter (Hrsg.*): Praktisches Lernen in der Hibernia- Pädagogik.* Klett Cotta, Stuttgart 1985, S. 188–300.

Goethe, Werke. (1988) Hamburger Ausgabe. Bd.8. München.

Hansen, Troels (2003) Where *did they go? Analysis of former students who graduated from class 12 at Rudolf Steiner Schools in Gentofte*, Herlev, Odense and Arhus, Denmark.

Hofmann, Ulrike/von Prümme, Christine/Weidner, Dieter (1981) *Bildungslebensläufe ehemaliger Waldorfschüler. Eine Untersuchung der Geburtsjahrgänge 1946 und 1947.* Pädagogische Forschungsstelle beim Bund der Freien Waldorfschulen. Stuttgart.

Holderegger, Franz (2001) *Befragung ehemaliger Schülerinnen und Schüler von Rudolf-Steiner-Schulen in der Schweiz*, Arbeitsgemeinschaft der Rudolf-Steiner-Schulen der Schweiz, Carmenstr. 49, Zürich.

Holzkamp, Klaus (1995) *Lernen – Subjektwissenschaftliche Grundlegung,* Campus Verlag.

Hüffel, Angelika (1985) *Von Praktikern lernen – die Lehrmeister der Hiberniaschule*, In: Edding, Friedrich/Mattern, Cornelia/Schneider, Peter (Hrsg.*): Praktisches Lernen in der Hibernia-Pädagogik.* Klett Cotta, Stuttgart 1985, S. 155–172.

Jensen, Niels Rosendal/Boding, Jesper/Kjeldsen, Christain Christrup (2012) *Didaktische Analyse der Unterrichtspraxis der 9. bis 12. Klassen der Rudolf Steiner Schulen*, Department of Education, DPU, Aarhus University.

Koolmann, Steffen/Petersen, Lars/Ehrler, Petra (Hrsg., 2018), Waldorf-Eltern in Deutschland: Status, Motive, Einstellungen, Zukunftsideen, Beltz Juventa.

Meyer-Drawe, Käte (2012), *Diskurse des Lernens*, Wilhelm Fink Verlag.

Meyer-Drawe, Käte (1999) *Herausforderung durch die Dinge*. Das Andere im Bildungsprozess. Zeitschrift für Pädagogik 45, 1999–3, S. 329–336.

Mitchell, David/Gerwin, Douglas (2007) *Survey of Waldorf Graduates – Phase I – III*, Pädagogische Forschungsstelle beim Bund der Freien Waldorfschulen, Stuttgart.

Nida-Rümelin, Julian (2014) *Der Akademisierungswahn: Zur Krise beruflicher und akademischer Bildung,* Edition Körber.

Peters, Jürgen/Schneider, Peter (2016) *Attraktive Alternative. Absolventenbefragung von Waldorf-Berufskollegs*, Erziehungskunst Januar 2016.

Rist, Georg/Schneider, Peter (1977) *Die Hiberniaschule – von der Lehrwerkstatt zur Gesamtschule, eine Waldorfschule integriert berufliches und allgemeines Lernen,* rororo Sachbuch.

Rosa, Hartmut (2016), *Resonanz, eine Soziologie der Weltbeziehung*, Suhrkamp Verlag.

Rousseau, Jean-Jacques (1971) *Emile oder über die Erziehung*, Schmidts. Paderborn.

Scharmer, C. Otto (2014) *Theorie U: Von der Zukunft her führen: Presencing als soziale Technik.*

Schopf-Beige, Monika (2004) *Bestanden, Lebenswege ehemaliger Waldorfschüler*, Verlag Freies Geistesleben, Stuttgart.

Senett, Richard (2008) *Handwerk,* Berlin Verlag GmbH.

Spitzer, Manfred (2002) *Lernen,* Spektrum Akademischer Verlag.

Teil III: Die Bildungsidee der Waldorfschule

Wilfried Gabriel

In diesem Teil werden die pädagogischen Grundlagen und die bildungspolitische Zielrichtung der Hiberniaschule bzw. der berufsbildenden Waldorfschule vertieft. Dabei wird auch deren reformpädagogischer Hintergrund ausgeleuchtet, der auf historische Wurzeln und grundsätzliche Fragestellungen bezüglich der Probleme unseres Bildungswesens verweist. Die Darstellungen sollen einerseits der Verortung der berufsbildenden Waldorfschulen in der gegenwärtigen Bildungslandschaft dienen und andererseits theoretische, wie praktisch-konzeptionelle Anstöße zur gegenwärtigen Bildungsdiskussion liefern.

3.1 Pädagogische Grundlagen

Die Darstellungen und Analysen von Jürgen Peters zeigen eindrücklich, dass das ganzheitliche Konzept der Hiberniaschule für die Schülerinnen und Schüler in ihrer weiteren Entwicklung zu einer „gelingenden Weltbeziehung" führen kann. Es eröffnet in den ersten Schuljahren Resonanzräume, die Vertrauen und Sicherheit und damit ein grundsätzliches Gefühl von Geborgenheit in der Welt vermitteln. Wird insbesondere das praktische Lernen pädagogisch so gestaltet, dass es sinnliche und dingliche Resonanzerfahrungen ermöglicht, die über das Erüben körperlicher Geschicklichkeit und technischer Beherrschbarkeit von Material und Werkzeug hinausgehen, so können hier nachhaltige biografische Erlebnisse folgen. Mündet dieser Weg wie in der Hiberniaschule durch sinnhafte Tätigkeiten für und mit anderen zu einer beruflichen Erstausbildung, so erleben die Jugendlichen dadurch ein „Ankommen in der Welt", dass ihnen Zuversicht im Umgang mit künftigen Widerständen sowie ein Augenmaß für das vermittelt, was möglich ist. Das Erlernen eines Einstiegsberufes in die Arbeitswelt stellt dabei für Jugendliche eine essenzielle Resonanzachse dar, die Selbstvertrauen in die offenen Gestaltungsmöglichkeiten ihres Lebensentwurfes erzeugt und mithin als wichtiger Schritt in der eigenen Persönlichkeitsentwicklung erlebt wird.

Damit ist aber nicht nur erneut belegt, wie berufliche Bildung als Persönlichkeitsentwicklung und als Teil einer umfassenden, neuen Allgemeinbildung organisiert und gestaltet werden kann, sondern auch, dass dieser arbeits- und berufspädagogische Ansatz nachhaltig biografisch wirksam wird und personale, soziale und fachliche Kompetenzen veranlagt, die ebenso die freie Gestaltung der eigenen Lern- und Berufsbiografie, wie die Übernahme gesellschaftlicher Verantwortung ermöglichen. Dass in dieser Weise ein beruflicher Bildungsgang gleichermaßen fachliche Qualifizierungen vermittelt und eine vielseitige kognitive und kreative Entwicklung der Persönlichkeit fördert, dass für die Jugendlichen ebenso die Erfahrung wirtschaftlicher Verwertungsinteressen und der technische Optimierungsdruck in realen Produktionsabläufen zu ihrem Bildungsprozess gehören, wie auch die Öffnung immer neuer allgemeinbildender Erlebnisräume, liegt nicht nur an der einzigartigen institutionellen Struktur der Hiberniaschule, sondern auch in der ganzheitlichen Wechselbeziehung der kognitiven, künstlerischen und praktischen Fächer in ihrem Lehrplan und der altersgemäßen methodisch-didaktischen Vermittlung insbesondere des praktischen Lernens. Hier basiert die Hiberniaschule auf dem Ursprungsimpuls und den pädagogischen Grundlagen der Waldorfpädagogik, die sie in eigenständiger Weise unter dem Gesichtspunkt der Integration von allgemeiner und beruflicher Bildung schulspezifisch individualisiert und umgesetzt hat. Mit Blick auf einen möglichen Transfer und konzeptionelle Weiterentwicklungen dieses Ansatzes seien im Folgenden wesentliche Aspekte der Waldorfpädagogik hervorgehoben.

Seit ihrem 100-jährigen Bestehen hat sich die Waldorfpädagogik inhaltlich und methodisch weiterentwickelt und ist vielfach erziehungswissenschaftlich befragt worden[1]. Nach wie vor versteht sich die Waldorfschule seit Steiners Zeiten als „Methodenschule", will damit weltanschaulich nicht gebunden und prinzipiell übertragbar sein. Das pädagogische Menschenbild und ihre methodischen Grundlagen sind dabei für alle Waldorfschulen Konstanten, die hier in komprimierter Form angedeutet seien. Für ausführlichere Darstellungen sei auf die entsprechenden Veröffentlichungen zum Thema Waldorfpädagogik verwiesen.

3.1.1 „Erziehung zur Freiheit"

Die philosophischen Grundlagen der Waldorfpädagogik liegen in der praktischen Weiterentwicklung und pädagogischen Anwendung von Steiners früher „Philosophie der Freiheit" (1894)[2]. Hier entwirft er den Menschen als ein im Erkennen wirklichkeitsfähiges Wesen, das dadurch zur Freiheit berufen und aus dieser frei zu handeln und die Welt verantwortungsvoll mitzugestalten vermag. Sein Konzept des Menschen und der menschlichen Entwicklung entwickelte er im Anschluss an die deutsche Klassik in Verbindung mit einem modernen, vertieften Evolutionsgedanken. Bereits 1907 hatte er in „Die Erziehung des Kindes vom Gesichtspunkt der Geisteswissenschaft"[3] einen ersten Entwurf seiner pädagogischen Entwicklungsanthropologie vorgelegt. 1919 sollte seine „Philosophie der Freiheit" in einer „Erziehung zur Freiheit" eine

1 Siehe hierzu z.B. Schieren (Hg.): Handbuch: Waldorfpädagogik und Erziehungswissenschaft. Schieren 2016.
2 Steiner 1987b siehe dazu auch Schneider 1987.
3 In Steiner 1987a.

lebensreformerische Anwendung finden: mit dem grundlegenden Ziel, dass Bildung in freier Selbstbildung[4] mündet.

3.1.2 Methodische Aspekte der Waldorfpädagogik

Trotz der individuellen Verschiedenheit und Vielfalt der Waldorfschulen lassen sich grundsätzliche methodische Aspekte generalisieren, die hier anhand von vier Grundsäulen der Waldorfpädagogik – Beziehungspädagogik, Entwicklungsförderung, Ganzheitlichkeit und pädagogischer Organisation – stichwortartig erläutert seien:

Beziehungspädagogik

Die Waldorfpädagogik beruht auf einer erweiterten Anthropologie („Menschenbild"), die die Entwicklung des Menschen als einen sich stufenweise vollziehenden Prozess beschreibt, der auf die Entfaltung einer selbstständigen und mündigen Persönlichkeit zielt, welche bereit ist, gesellschaftliche Verantwortung zu übernehmen („Erziehung zur Freiheit"). Waldorfpädagogik versteht sich grundsätzlich als Beziehungspädagogik und verweist damit auf die Einsicht, dass die individuelle Entwicklung umso besser gelingt, je mehr sie sich in stabilen sozialen Beziehungen – ohne Sitzenbleiben und Notendruck – und unter Begleitung kompetenter Persönlichkeiten vollzieht („Bildung braucht Persönlichkeit"). Je nach Entwicklungsstufe und Lernort sind hierfür stabile Klassen und Klassenlehrer, Klassenbetreuer, kompetente Fachkräfte und Praxisbegleiter von Bedeutung. Sie versteht sich insbesondere in den unteren Klassen als Erziehungspartnerschaft mit den Eltern. Die Gestaltung dieser Beziehungen braucht entsprechend Zeit und Raum, die sich methodisch in der zeitlichen Betreuung der Klassen 1–8 durch eine durchgehende Klassenlehrerin oder einen Klassenlehrer und räumlich u. a. auch im sogenannten Epochenunterricht (Blockunterricht) ausdrücken. So findet täglich in 3–4-wöchigen Blöcken in den ersten Stunden beim gleichen Lehrer der gleiche Fachunterricht im gleichen Lernraum statt. Auch die spürbar andere Atmosphäre an Waldorfschulen gründet sich unter anderem auch in diesem grundlegenden Verständnis des pädagogischen Bezugs und der sozialen Beziehungen.

4 Steiner 1987b S. 170: „Der Mensch bleibt in seinem unvollendeten Zustand, wenn er nicht den Umbildungsstoff in sich selbst aufgreift, und sich durch eigene Kraft umbildet. Die Natur macht aus dem Menschen bloß ein Naturwesen; die Gesellschaft ein gesetzmäßig Handelndes; ein freies Wesen kann er nur selbst aus sich machen" (1894).

Entwicklungsförderung

Entwicklungsförderung meint die altersgemäße und stufenweise Organisation von unterschiedlichen Lernangeboten, die der Entfaltung der individuellen Persönlichkeit dienen. Stehen am Anfang der Schulzeit naturgemäß die Entwicklungsbedürfnisse von Kindern und Jugendlichen im Vordergrund („Der Lehrplan ist das Kind."), so muss an deren Ende die Bewältigung von Entwicklungsaufgaben stehen, die dazu befähigen, sich gesellschaftlichen Herausforderungen nicht nur zu stellen, sondern diese auch aktiv mitgestalten zu können („Lebenskunde soll aller Unterricht sein."). Im Lehrplan der Waldorfschule sind die vielfältigen Lernangebote dabei in einzigartiger Weise altersgemäß horizontal und vertikal aufeinander bezogen und verschränkt. Das Konzept will den Schülerinnen und Schülern so ermöglichen die eigenen Lernprozesse selbst gestalten zu können und die eigene Entwicklung selbst zu verantworten. Bildung führt so zur Selbst-Bildung.

Ganzheitlichkeit

Ganzheitlichkeit verweist auf einen umfassenden Bildungsansatz, der der Förderung kognitiver, künstlerisch-sozialer und praktisch-handwerklich-beruflicher Fähigkeiten eine gleichermaßen wichtige Bedeutung für die Persönlichkeitsentwicklung zuschreibt („Lernen mit Kopf, Herz und Hand"). Während zu Beginn der Schulzeit ein breites und umfassendes Lernangebot steht, das eine allseitige Förderung, aber auch das Entdecken eigener Begabungen ermöglichen soll, ergeben sich im weiteren Verlauf, je nach Begabung und Neigung, Differenzierungen und Spezialisierungen.

Pädagogische Organisationsform

Eine pädagogische Organisationsform meint unter anderem zunächst, dass für die verschiedenen Lernangebote und -bereiche unterschiedliche Lernorte zur Verfügung gestellt werden müssen. Während die kognitiven Fähigkeiten im Klassenverband und im Lernort „Klassenzimmer" entwickelt werden, sind für das künstlerische Lernen je nach Fachrichtung beispielsweise ein Atelier, ein Studio oder eine Bühne vonnöten. Entsprechend sind für das handwerklich-praktische Lernen spezielle Werkräume, schulische Werkstätten und für berufspraktisches Lernen außerschulische Lernorte wie Betriebe von zentraler Bedeutung. Die verschiedenen Lernorte und Aufgabenbereiche müssen immer wieder koordiniert und aufeinander bezogen werden („didaktische Koordination"); die unterschiedlichen Lernbegleiter müssen sich pädagogisch abstimmen („pädagogische Kooperation"). Die Schule benötigt daher eine flexible Verwaltungsorganisation, die um die sich entwickelnden Kinder und Jugendlichen herum gebaut ist („Selbstverwaltung und Konferenzarbeit").

Anschluss- und Abschlussmöglichkeiten

In der Regel bieten die Waldorfschulen die jeweils länderspezifischen staatlichen Abschlüsse an:

- Für die kognitiven Fächer im allgemeinbildenden Bereich bedeutet das insbesondere, dass sich die Waldorfschule in der Oberstufe in ihrem Lehrplan zunehmend an die staatlichen Vorgaben halten muss.
- Die künstlerischen Fächer und die hier entwickelten Fähigkeiten werden insbesondere in dem der Waldorfschule eigenen „Waldorf-Abschluss" gewürdigt.
- Die Bereiche des praktisch-handwerklichen Lernens in der Waldorfschule führen nur in den berufsbildenden Waldorfschulen zu beruflichen Qualifikationen oder Berufsabschlüssen. Mit ihren verschiedenen Formen einer Integration von allgemeiner und beruflicher Bildung nehmen sie eine Sonderstellung unter den Waldorfschulen ein.

3.1.3 Der schöpferische Mensch: Ganzheitlichkeit und Ausdrucksfähigkeit

Der ganzheitliche Ansatz der Waldorfpädagogik ist nicht additiv zu verstehen. Die Gleichwertigkeit von kognitivem, kreativem und praktischem Lernen gründet sich in einem schöpferisch entworfenen Menschenbild. Im Anschluss an den deutschen Idealismus und die deutsche Klassik, insbesondere an Goethe und Schiller wird der Mensch hier grundsätzlich als Ausdruckswesen begriffen. Denken, Handeln und die künstlerische Tätigkeit sind drei Aspekte des gleichen wirklichkeitsbildenden Vorganges. Im konstruktivistischen Ansatz seiner „Philosophie der Freiheit" entsteht nach Steiner die Wirklichkeit durch die Verbindung von innerlich erzeugten Begriffen und äußerlich gegebenen Wahrnehmungen in einem mehrphasigen Erkenntnisprozess. Dabei haben die Begriffe für Steiner eine blicklenkende Funktion: So wird z. B. durch den allgemeinen Begriff „Pferd", dass auf einer Wiese durch unsere Sinne Erlebte erst als wirkliches, daher galoppierendes, „dieses Pferd hier" erblickt und realisiert. Dabei individualisiert sich der allgemeine, durch unser Denken erzeugte Begriff im Verschmelzen mit unseren Wahrnehmungen zum Bild des realen, lebendigen Pferdes. Dieses Bild bleibt dann als Erinnerungsvorstellung in unserem Gedächtnis. Das Erkennen bildet demnach die Wirklichkeit nicht ab, vielmehr entsteht die Wirklichkeit in einem fortlaufenden Prozess von Zuwendung und Aneignung. In diesem Prozess entwickeln sich gleichzeitig unsere kognitiven Strukturen wie unsere Zugänge zur Welt.[5] Wesentlich ist dabei, dass die Begriffe als flexibel, gleichsam flüssige Strukturen zu

5 Vgl. hierzu: Witzenmann 1983.

verstehen sind, die verwandlungsfähige Eigenschaften haben: Als allgemeine Struktur werden sie durch unseres Denken erzeugt, können aber bildsam auf ein Wahrnehmungsfeld bezogen und dann mit deren Qualitäten beeigenschaftet zu einer konkreten Gestalt individualisiert werden, d. h. sich mit den wahrnehmbaren Gegebenheiten vereinen. Der allgemeine Begriff „Dreieck" kann zu rechteckigen, gleichseitigen, spitzen oder anderen Dreiecken individualisiert werden; im Erkenntnisprozess konkretisiert sich die allgemeine Struktur „Ball" mit den Materialeigenschaften „Leder" zu „diesem Fußball" usw. Nach Steiner liegt allem Gegenwartserleben ein vorbewusster Prozess der Individualisierung von allgemeinen Begriffen über intentionale, „bildsame" Bezüge zu konkreten Gestalten zugrunde. Das bewusste Erfassen der Strukturen im Lernprozess der menschlichen Entwicklung läuft allerdings in umgekehrter Richtung: vom buchstäblich sinnlich Begriffenen über das erinnerbare Bild zum allgemeinen Begriff.

Das Erkennen und mithin der Lernvorgang ist grundsätzlicher Motor der Persönlichkeitsentwicklung. Der Mensch ist existenziell ein Ausdruckswesen, weil schon sein Wirklichkeitserleben Ergebnis eines produktiven Prozesses ist, der von seinen Denk- und Wahrnehmungsfähigkeiten abhängt. Auch dem menschlichen Handeln liegt ein strukturähnlicher Vorgang zugrunde allerdings in umgekehrter Richtung: Statt vom äußeren Wahrnehmen zum inneren Erleben, geht es hier von innen nach außen, von der inneren Intention zur äußeren Gestaltung der Welt im Handeln. Der gesamte Vorgang des Handelns umfasst dabei mehrere Phasen mit entsprechend zugehörigen Fähigkeiten. Steiner beschreibt diese Phasen anhand der Frage nach einem freien Handeln des Menschen so, dass dies dann möglich wird, wenn es durch die von ihm so benannten „moralischen Intuitionen" gegründet ist. Moralisch ist nach Steiner das Handeln dann, wenn es mit den natürlichen und sozialen Gegebenheiten in Einklang steht und diesen nicht zuwiderläuft. So gehört zur Realisation einer Idee in der Wirklichkeit die Fähigkeit, die eigenen Intentionen im Zusammenhang mit den gegebenen natürlichen und sozialen Bedingungen sehen und auf diese beziehen zu können. Diese Fähigkeit nennt Steiner „moralische Fantasie". Weiterhin gehören zum Handeln Fähigkeiten und Methoden, die ein konkretes Bild, eine genaue Planung und Umsetzung des beabsichtigten Handelns ermöglichen, bevor es zu tatsächlichen realen Aktionen kommt. Steiner nennt dies „moralische" Technik.

Sowie dem Erkennen eine zunächst verborgene aktive, innere Handlungsseite als Ausdrucksleistung des sich auf etwas beziehenden, formenden Denkens zugrunde liegt, so liegt dem nach außen wirkenden Handeln eine innere Erkenntnisseite zugrunde, die sich auf das Selbst des Handelnden bezieht. Sowie die Wahrnehmungen den inneren Erkenntnisfortschritt rückbestimmen und stimulieren, so kann sich an den äußeren Handlungsergebnissen der persönliche Fähigkeitszuwachs konkretisieren. Dies zeigt sich besonders in einer gelingenden

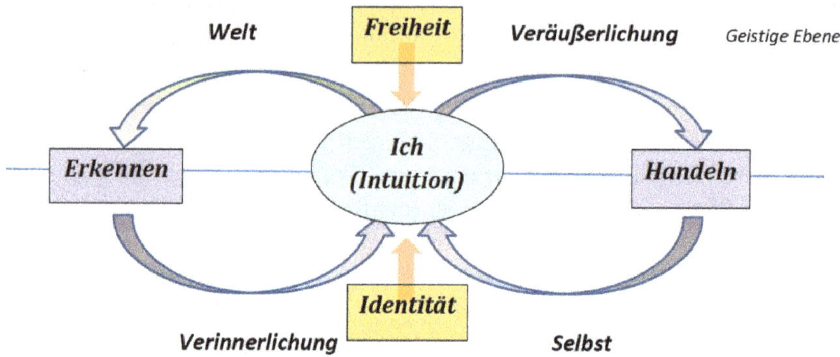

Abb. 4: Erkennen und Handeln

Selbstwirksamkeit des Handelns. Die menschliche Persönlichkeit kann sich daher erst in einem ständigen Wechselspiel von Erkennen und Handeln voll entfalten. In besonderen Situationen kann dabei ein intensives Freiheits- und Wirklichkeitserleben entstehen, wenn vorbewusste Prozesse graduell zum Bewusstsein kommen, das Zusammengehen von Wahrnehmung und Begriff zu einer Einheit, wenn das fließende Verschmelzen von Innen und Außen, das Wechselspiel von äußerer Anregung und innerer Antwort als Flow-Erleben oder Resonanz bewusst werden. Eine wesentliche Mittelstellung kommt hierbei dem künstlerischen Prozess zu. In ihm sind einerseits Erkennen und Handeln unmittelbar miteinander verbunden, andererseits erlaubt es eine stärkere persönliche, freiere Ausdrucksmöglichkeit. Im Unterschied zum eher sachbezogenen Erkennen und dem eher fachbezogenen praktischen Handeln ist hier ein ideeller Einschlag der Freiheit ungleich höher. In der Waldorfpädagogik wird dies dann im Idealfall in mehreren Stufen vom sinnlichen Be-Greifen zur Wissenschaftspropädeutik, vom Spiel zur Arbeit bzw. beruflichem Lernen geführt[6].

Diese Andeutungen mögen genügen, um deutlich zu machen, dass der Begriff des ganzheitlichen Lernens in der Waldorfpädagogik, landläufig mit der pestalozzischen Formel vom „Lernen mit Kopf, Herz und Hand“ gleichgesetzt, hier seine anthropologische Bestimmung und Tiefendimension erfährt. Indem der Mensch sich erkennend und verantwortlich handelnd der Welt gegenüberstellt, kommt er zu sich selbst und entwickelt seine Persönlichkeit. Versteht man unter „Arbeit“ zunächst nichts anderes als ein auf ein Ergebnis hin gerichtetes, verantwortungsvolles Handeln, so wird durch die aufgezeigten Zusammenhänge auch die Tiefenschicht der pädagogischen Formel „lernend arbeiten - arbeitend lernen“ deutlich, die Steiner als essenzielles Prinzip bei

6 Siehe z. B.: Rist und Schneider1990.0.

der Begründung der ersten Waldorfschule immer wieder hervorgehoben hat. Ebenso können hier wichtige Elemente der Waldorfpädagogik eine erweiterte, erkenntniswissenschaftliche oder lerntheoretische Begründung erfahren: die Bedeutung selbstgestalteter Materialien (Epochenheft) statt vorgegebener Schulbücher für das kognitive Lernen, die künstlerische Durchdringung des Unterrichts und künstlerische Projekte, die Gestaltung des praktischen Lernens als erweitertes „Körpercurriculum" usw. – seien als Beispiele genannt.

3.1.4 Phasen der menschlichen Entwicklung

Auf der Basis der steinerschen Erkenntniswissenschaft lässt sich das Phasenkonzept der Entwicklung des Menschen in der Waldorfpädagogik interpretieren und darzustellen.

Im Zusammenhang mit Vertiefungsmöglichkeiten des Erkenntnisvermögens beschreibt Steiner die Elemente des sinnlichen Erkennens wie folgt:

> *„Beim gewöhnlichen sinnlichen Erkennen kommen vier Elemente in Betracht:*
> *1. Der Gegenstand, welcher auf die Sinne einen Eindruck macht;*
> *2. das Bild, das sich der Mensch von diesem Gegenstande macht;*
> *3. der Begriff, durch den der Mensch zu einer geistigen Erfassung einer Sache oder eines Vorganges kommt;*
> *4. das 'Ich', welches sich aufgrund des Eindruckes vom Gegenstande Bild und Begriff bildet.*
>
> *Bevor sich der Mensch ein Bild – eine „Vorstellung" macht, ist ein Gegenstand da, welcher ihn dazu veranlasst. Diesen bildet er nicht selbst, er nimmt ihn wahr. Aufgrund dieses Gegenstandes entsteht das Bild. Solange man ein Ding anblickt, hat man es mit diesem selbst zu tun. In dem Augenblicke, wo man von dem Dinge hinwegtritt, besitzt man nur noch das Bild. Den Gegenstand verlässt man, das Bild bleibt in der Erinnerung 'haltbar'. Aber man kann nicht dabei stehen bleiben, sich bloß 'Bilder' zu machen. Man muss zu „Begriffen" kommen.*"[7]

Im Anschluss an den bereits skizzierten Grundprozess des Erkennens und der zugrunde liegenden Fähigkeiten und unter Berücksichtigung, dass insbesondere Begriffe sich aufeinander und auf die Wahrnehmung beziehen können, also eine freie Beziehungsfähigkeit oder Intentionalität besitzen, so lässt sich zunächst eine Isomorphie zwischen den Phasen des Erkennens und Handelns formulieren, die hier tabellarisch dargestellt ist.

Diese Ebenen finden sich nun in der steinerschen Entwicklungspsychologie in den dort formulierten einzelnen Entwicklungsstufen wieder. Bereits in seinem frühen Aufsatz über „Die Erziehung des Kindes vom Gesichtspunkt der Geisteswissenschaft (1905)"[8] beschreibt Steiner die individuelle Entwicklung

---

7 Steiner 1979 S. 16.
8 Steiner 2003.

Erkennen	Handeln
Intuition (Ich)	Intuition (Ich)
Intentionalität (freie Beobachtungs- und Beziehungsfähigkeit)	Fantasie (freie Gestaltungsfähigkeit)
Bild (Anpassung der Begriffe, Erinnerung)	Technik (Planung, Umsetzung)
Realitätserleben	Aktion
Gegebenes	Anlass

Abb. 5: Struktur von Erkennen und Handeln

des Menschen als ein stufenförmiges Freiwerden von Kräften und Fähigkeiten, die mit bestimmten Wesensschichten des Menschen zusammenhängen und mit der körperlichen Entwicklung (Geburt, Zahnwechsel (Schulreife), Pubertät usw.) korrespondieren. Im Anschluss an seine anthroposophischen Grundlagenschriften, wie z. B. die „Theosophie (1904)“[9], bezeichnet Steiner diese verschiedenen Wesensschichten bzw. „Wesensglieder“ als „Ich“, „Astralleib“, „Ätherleib“ und „physischer Leib“. Aus einer systemtheoretischen Perspektive lassen sich damit dem Menschen innewohnende teilautonome, autopoetische Systemprozesse in Verbindung bringen.[10] Unter „Ich“ versteht Steiner dabei den geistigen Kern des Menschen, dasjenige, was seine Individualität zum Ausdruck bringt. Unter „Astralleib“ wird die Gesamtgestalt der Psyche bzw. Seele, d. h. der bewussten kognitiven, emotionalen und habituellen Impulse und Qualitäten verstanden. Den Körper differenziert er in die eigentlich stofflich-leibliche Gestalt, d. h. den „physischen Leib“ und den Gesamtumfang aller darin ablaufenden Lebensprozesse, d.i. der „Ätherleib“. Es kann hier nicht ausführlich thematisiert werden, inwieweit diese Wesensschichten mit den Erkenntnis- und Handlungsebenen zusammenhängen[11], doch lassen sich grundlegende Schritte der kognitiven Entwicklung und der Handlungsfähigkeit aus der Sicht der Waldorfpädagogik anhand dieser Abfolge nachvollziehen und präzisieren. Die vertikale Achse der Erkenntnisstufen spiegelt sich gleichsam in der horizontalen Achse der zeitlichen Entwicklung. Dies sei anhand der Tabelle schematisch und skizzenhaft angedeutet[12].

9 Steiner 2013.
10 Gabriel 1995., S. 200ff.
11 Siehe hierzu Gabriel 1995.
12 Siehe auch Gabriel 2014 in: Heusser und Weinzirl 2014 S. 228ff.

Päd. Leitbegriffe / Wesensschicht	Vorbild und Nachahmung	Persönliche Autorität und Nachfolge	Fachautorität	Eigeninitiative
Ich			**Selbsterfahrung und Urteilsfähigkeit**	
Intention		**Aufbau des inneren Weltbildes**	**Soziales Lernen** *Ich und die Anderen*	*Persönlichkeits-entwicklung*
Bild	**Sinneserfahrung**	**Fantasie**	**Handlungsfähigkeit**	
Gegenstand	*„Das Kind ist ganz Sinnesorgan"*	*Bewusste Erinnerung und Planung*		
Entwicklungsphasen	***I Physische Entwicklung***	***II Psychische Entwicklung***	***III Soziale Entwicklung***	***IV Selbst-Entwicklung***

Abb. 6: Entwicklungsmodell der Waldorfpädagogik (Entwicklung des Kindes, 1905)

Im Anschluss an die Begründung der ersten Waldorfschule (1919) hat Steiner seine pädagogische Menschenkunde mit vielfältigen entwicklungspsychologischen und methodisch-didaktischen Aspekten erweitert. Eine Reihe von Waldorfpädagogen haben diese Ansätze weiter ausgebaut und umfassend im Kontext einer zeitgemäßen Weiterentwicklung der Waldorfpädagogik aktualisiert. Hier ist eine beeindruckende Anzahl von pädagogischen Konzepten, Grundlagenarbeiten und methodisch-didaktischen Materialien entstanden.[13] Der konzeptionelle Grundriss der „Erziehung des Kindes" von 1905 wurde aber beibehalten.

Zur Erläuterung der Tabelle seien die Phasen hier sehr knapp skizziert:

a) Die erste Phase vom Säugling zum Kleinkind bis zur Schulreife ist durch die physische Entwicklung des Kindes bestimmt. Die inneren und äußeren körperlichen Veränderungen stehen im Vordergrund und das Kind ist ganz auf die Hilfe der Erwachsenen und sein soziales Umfeld angewiesen. Das seelische Erleben ist durch ein Einheitserleben geprägt, aus dem sich das Bewusstsein von Ich und Welt erst allmählich differenziert. Die parallel

13 Vgl.: Schieren 2016.

verlaufende kognitive Entwicklung des Menschen beschreibt Steiner als hauptsächlich durch die gegenständliche Sinneserfahrung stimuliert. Das kindliche Bewusstsein ist vorwiegend Sinnesbewusstsein. Alle Bewusstseinsprozesse verlaufen wahrnehmungsgeführt und das kleine Kind ist unmittelbar auf Sinneseindrücke angewiesen. Dies ist von Steiner oft auf die Formel gebracht worden: „Das Kind ist ganz Sinnesorgan“. Oder: „Das Kind bis zum Zahnwechsel ist durch den ganzen Organismus hindurch Sinn“.[14] Zugleich mit der körperlichen Entwicklung orientiert sich auch das Handeln ganz am Be-Greifen der sinnlichen Welt und Wirklichkeit. Die hauptsächliche Form des frühen Lernens ist das Nachahmen. Der pädagogische Leitbegriff ist entsprechend der des Vorbildes. Indem das Kind zunehmend seine Autonomie über die eigenen Sinneserlebnisse und körperlichen Handlungsmöglichkeiten gewinnt, entwickelt sich in etwa in der Mitte dieser Phase („Trotzphase“) eine erste Form der Ich-Identität, die sich auf eine Identifikation mit der eigenen, physischen Leiblichkeit stützt.

b) In der zweiten Phase (Zahnwechsel bis Pubertät) vollzieht sich in Korrespondenz mit der körperlichen Entwicklung eine innere, psychische Veränderung. Die Differenz zwischen Innen- und Außenwelt wird wesentlich bewusster. Unabhängig von der äußeren Sinneswelt können nun innere Bilder produziert werden, der „bildschaffende“ Bereich innerhalb des Erkenntnisvermögens steht dem Bewusstsein in einem zunehmenden Umfang zur freien Verfügung. Der Umgang mit den sinnlichen Eindrücken wird freier. Aus dem einheitlichen Gegenwartserleben der frühen Kindheit entsteht ein bewussteres Zeitempfinden, das konturiert auf Vergangenheit und Zukunft zugreifen kann. Dies ermöglicht den Aufbau eines inneren Weltbildes; die Bilder können in viel freier Weise von den sinnlichen Gegenständen gleichsam abgelöst und als Erinnerungen bewahrt werden, Fantasie- und Wunschbilder können erzeugt, Zukunftsbilder können entwickelt werden, die konkretere Planungen und zielgerichteteres Handeln als bislang ermöglichen. Zum Lernen bedarf es hier freilassender Bilder, die zur Eigeninitiative anregen. Hier

> *„… wirkt man durch Bilder, durch Beispiele, durch geregeltes Lenken der Fantasie. Wie man dem Kinde bis zum siebten Jahre das physische Vorbild geben muss, das es nachahmen kann, so muss in die Umgebung des werdenden Menschen zwischen dem Zahnwechsel und der Geschlechtsreife alles das gebracht werden, nach dessen innerem Sinn und Wert es sich richten kann.“*[15]

14 Steiner 1991b S. 56.
15 Steiner 2003 S. 27.

Entsprechend sind die pädagogischen Vorgaben Steiners:

„Wie für die ersten Kindesjahre Nachahmung und Vorbild die Zauberworte der Erziehung sind, so sind es für die jetzt in Rede stehenden Jahre: Nachfolge und Autorität. Die selbstverständliche, nicht erzwungene Autorität muss die unmittelbare geistige Anschauung darstellen, an der sich der junge Mensch Gewissen, Gewohnheiten, Neigungen herausbildet, an der sich sein Temperament in geregelte Bahnen bringt, mit deren Augen er die Dinge der Welt betrachtet.“[16]

Wieder etwa in der Mitte dieser Phase, in der Waldorfpädagogik mit „Rubikon“ bezeichnet, entwickelt sich eine weitere Form der Ich-Identität, die sich auf die zunehmende Autonomie über innerpsychische Fähigkeiten stützt und auf der Identifikation mit der eigenen Innerlichkeit basiert.

c) In der dritten Phase (mit Beginn der Pubertät) gelangt der Bereich der Intentionalität, bewusster Zielgerichtetheit zunehmend in die eigenständige Führung des Bewusstseins. Dies ermöglicht unter anderem ein viel freieres Beziehen der Begriffe auf und untereinander. Damit einher geht die Entwicklung einer neuen Abstraktions- und Urteilsfähigkeit. Die eigenen Erfahrungen können nun in einem größeren Kontext eingeordnet und reflektiert werden. Die Relativierung der eigenen Sicht in Beziehung zu anderen ist wiederum Bedingung für ein bewusstes soziales Lernen. Ebenso kann sich durch die Reflexion und Selbstbeurteilung der eigenen Handlungen das Spektrum der Handlungsfähigkeit erweitern und zu tatsächlichen Handlungskompetenzen entwickeln. Im Durchgang jugendlicher Identitätskrisen und in der Auseinandersetzung mit gesellschaftlichen Entwicklungsaufgaben entsteht auf der Basis einer gewonnenen inneren Autonomie eine psychosoziale Identität als dritte Form der Identitätsbildung.
d) In einer weiteren Phase kommt dann das Ich gewissermaßen zu sich selbst und kann, in dem sich der Mensch als freies und mündiges Wesen zu realisieren versucht, die eigene Persönlichkeitsentwicklung selbst steuern.

Da der Lehrplan der Waldorfschule diesem inneren Bauplan folgt, lässt er sich in den Lehrplanangaben wiederfinden und weitere Aspekte des Lehrplans können konkret auf die innere Logik der Entwicklungsphasen bezogen werden. Da dies hier den Rahmen sprengen würde, sei noch einmal als Illustration auf das Beispiel des Lehrplans Holz verwiesen. Freilich bedarf es weiterer Forschungen, um die Grundlagen der Pädagogik Steiners in dieser Hinsicht zu erschließen und Anschlussmöglichkeiten zu modernen Ansätzen aufzuzeigen.

16 Steiner 2003 S. 27.

3.1.5 Die pädagogische Bedeutung des praktischen Lernens

Aus dem Vorhergehenden wird deutlich, dass dem praktischen Lernen in der Waldorfpädagogik für die Entwicklung der menschlichen Persönlichkeit eine wesentliche Bedeutung zukommt. Neben dem kognitiven und künstlerischen Lernen repräsentiert es einen wesentlichen Aspekt des ganzheitlichen Bildungsverständnisses. Was für die Entwicklung der geistigen Fähigkeiten in der Regel selbstverständlich ist, gilt in der Waldorfpädagogik in besonderer Weise auch für die psychomotorische Entwicklung des Kindes. Parallel zu den altersgemäß konzipierten und differenzierten Unterrichtsangeboten der kognitiven Fächer werden auch die psychomotorischen Anlagen durch entsprechende Aufgaben schrittweise gefördert. Sie sollen zunehmend in der möglichen Vielfalt ausgebildet und bis zur selbstständigen und eigenverantwortlichen Planung und Durchführung von sinnvollen und brauchbaren Projekten und Produkten gesteigert werden.

Auf dem Weg zu einer neuen Allgemeinbildung hat die Hiberniaschule dieses grundsätzliche Selbstverständnis auf der Basis von handwerklich orientierten Arbeitstätigkeiten in der Unterstufe über eine „technische Elementarbildung" in exemplarischen Tätigkeitsbereichen in der Mittelstufe zum Erlernen eines „Grundberufs" durch spezielle Berufstätigkeiten in einem besonderen Arbeitsbereich weitergeführt. Dabei wird der Grundberuf als ein „Lernberuf" verstanden, der nicht selbst ausgeübt wird. Erst in der letzten darauf aufbauenden Stufe mündet dieser Weg in der Oberstufe durch eine „Spezialisierung" in konkreten Arbeitssituationen in einem anerkannten Ausbildungsberuf.

Die pädagogische Bedeutung des praktischen Lernens ist aber nicht nur im Hinblick auf eine spätere berufliche Qualifizierung zu sehen, sondern sie liegt auch in ihrer eigenen und aktuellen Qualität. Das praktische Lernen fördert und entfaltet wesentliche Fähigkeiten, wenn es altersgemäß entsprechend didaktisiert und aufgebaut wird. Wesentliche Erfahrungen der Waldorfpädagogik und der Hiberniaschule seien hierzu thesenartig zusammengefasst:

- Auf der physischen Ebene vermittelt es unmittelbare sinnliche Erfahrungen und körperliche Geschicklichkeit.
- Es fördert eine kohärente lebendige Entwicklung, wenn z. B. mit der Herstellung von sinnvollen Produkten (für andere) in durchschaubaren Abläufen das Erlebnis einer hohen Selbstwirksamkeit vermittelt werden kann. In salutogenetischem Sinne kann sich dadurch ein gesundes Lebensgefühl entwickeln.
- Auf der seelischen Ebene wird durch Planen, Durchführen und Überprüfen der eigenen Tätigkeit unter anderem Selbstreflexion und eine Schulung des Willens gefördert. Die Angleichung von „Gedankenlogik" und „Tatsachenlogik" führt zu einem zuversichtlichen Vertrauen in die eigene Handlungsfähigkeit.

- Unter sozialen Aspekten wird durch das (gemeinsame) Erleben der Arbeit als Arbeit für andere eine altruistische Haltung intendiert.
- Es veranlagt einen wertschätzenden Umgang mit den Dingen der Welt. Ebenso können dabei grundlegende ökologische und ökonomische Denkweisen und Methoden vermittelt werden.
- Es intendiert eine gesunde Vorbereitung auf den digitalen Wandel. Der Umgang mit der fortschreitenden Digitalisierung benötigt Fähigkeiten, die im Umgang damit nicht erworben werden können. Denn nur wer mit der realen Welt praktisch zurechtkommt, kann dies auch mit einer virtuellen Welt.
- Unter biografischen Aspekten wird eine durch und an der Praxis orientierte Berufs- und Studienorientierung vermittelt.
- Auf dem Weg vom Spiel zur Arbeit fördert das handwerklich-praktische Lernen in der Waldorfschule so eine individuelle Handlungskompetenz, berufliche Erstqualifikationen und Grundlagen einer, durch eigene Erfahrungen vermittelte Verantwortungsethik auf jeweils unterschiedlichen Entwicklungsstufen.

Wenn die Waldorfschulen diesen Bereich (mittelfristig) weiter so aufwerten würden, dass er zu einem entsprechenden Abschluss parallel zu den künstlerischen und kognitiven Abschlüssen (zentrale Prüfungen) führt, wäre damit ein wesentliches Signal gesetzt und ein Beispiel zur Reform des Bildungswesens gegeben. Dies könnte z. B. durch ein Abschlussportfolio „Praktischer Allrounder“ o.ä. im Rahmen des Waldorfabschlusses implementiert werden. Auf dieser Basis könnten dann ggf. weitere berufliche Qualifikationen erfolgen.

Einige Waldorfschulen entwickeln in dieser Richtung Schritte zur Realisierung einer ganzheitlichen und neuen Allgemeinbildung erreicht.[17]

1.3.6 Ein dynamischer Bildungsbegriff

Wie lässt sich nun auf der Basis eines ganzheitlichen Ansatzes heute ein entsprechender Bildungsbegriff formulieren? Welche Fähigkeiten soll die Schule den Kindern und Jugendlichen heute mitgeben, damit sie den Herausforderungen von morgen zuversichtlich begegnen können? Die Zukunftsaufgaben sind dabei von einer nie zuvor gekannten Größe und Komplexität: Globalisierung und Digitalisierung, die Suche nach Frieden und sozialer Gerechtigkeit, die zunehmende Verantwortung für Mensch und Erde.

---

17 Siehe Modellprojekt: Handeln können – die berufsbildende Waldorfschule. Anhang Dokument II

Wie der Bildungsbegriff im Anschluss an die Waldorfpädagogik und den Erfahrungen der Hiberniaschule heute dynamisch, als Steuerinstrument für methodisch-didaktische Entwicklungsprozesse gefasst werden kann und welche Bedeutung dem praktischen Lernen in diesem Kontext dabei zukommt, sei als Anstoß für weitere Diskussionen im Folgenden skizziert.

Der Begriff Bildung markiert seit der Antike jahrhundertelange Auseinandersetzungen und das unermüdliche Streben des Menschen nach Freiheit, Verantwortung und aufrechtem Gang. Als Ideal und jeweilig kulturellem Leitbegriff enthält er vielfältige, zum Teil widersprüchliche Facetten und ist schwer zu fassen. Schon deswegen, weil der Mensch in ihm etwas zu fassen versucht, was er sein könnte oder möchte, aber noch nicht ist. Eine besonders strahlende Fassung erhielt er in Mitteleuropa durch die deutsche Klassik.

Der Bildungsbegriff den Goethe einst mit lebendigen Strichen in seiner pädagogischen Provinz malte, schmeckte gleichsam noch nach Wachstum und Metamorphose, hörte sich gleichermaßen nach sinfonischer Dichtung und Pferdegalopp an, roch noch nach Holz und praktischer, körperlicher Arbeit- eine kraftvolle Entfaltung der freien Persönlichkeit mit der Wertschätzung dessen, was unter, um und über ihr ist (Ehrfurchtslehre). „Der wahre Zweck des Menschen ... die höchste und proportionierlichste Bildung zu einem Ganzen“ (Humboldt) scheint heute jedoch unter die Räder von Verwertungsinteressen zu geraten. Bereits in den achtziger Jahren des letzten Jahrhunderts diagnostizierte der renommierte Erziehungswissenschaftler Wolfgang Klafki eine „Verfallsgeschichte des Bildungsbegriffs“ in der Entwicklung unseres Bildungswesens. Und Julian Nida-Rümelin spricht gegenwärtig gar vom „Abwracken“ humaner Bildung. Gefragt sind vornehmlich Problemlösungsstrategien und Kompetenzen für den Arbeitsmarkt. Eine blasse Bildung verdünnt sich zu gesellschaftlichen Benimm-Regeln und bloßem Bescheid-Wissen, zunehmend immer weniger vermittelt durch Vorbild, Buch und Bibliothek, vielmehr durch Smartphones und dem allgegenwärtigen Internet. Dabei nehmen wir heute deutlich wahr, dass unsere gesellschaftlichen Aufgaben und Probleme nicht allein durch die Förderung von Kopf und künstlicher Intelligenz gelöst und gestaltet werden können. Der Erziehungswissenschaftler Klaus Zierer formuliert: „Wenn ich die Bildungsinvestitionen oder Bildungsbemühungen nur in den Bereich des Kognitiven stecke, führt das über kurz oder lang dazu, dass das Humane verloren geht.“

Im Anschluss an Goethe und Steiner lässt sich die Entwicklung des Menschen als ein dynamisches Geschehen verstehen, das sich im Spannungsfeld von Polaritäten mit einer vermittelnden Mitte entfaltet.

Aus einem einheitlichen Erleben differenzieren sich über mehrere Phasen Aktivitätspole der Persönlichkeit. Die seelische und körperliche Entwicklung gestaltet sich dabei durch ein äußeres Greifen und ein inneres Be-Greifen. Zugleich entwickelt sich damit ein zunehmend konturiertes Erleben von Ich und Welt, ein Verhältnis zu sich selbst und den anderen Menschen. Mit dem Aufbau eines inneren Weltbildes können auch Vergangenheit, Gegenwart und Zukunft mehr und mehr aufeinander bezogen werden und Fragen nach dem, was es zu bewahren und was zu verändern gilt, prägen die Schritte zur Selbstständigkeit der menschlichen Persönlichkeit.

In pragmatischer Annäherung lässt sich die Entfaltung der menschlichen Persönlichkeit daher in der Mitte dreier grundlegender Polaritäten fassen, die dabei als lebendige Quellpunkte weiterer, sich hieraus entwickelnder Polaritäten und Metamorphosen zu verstehen sind. Der daraus folgende dynamische Bildungsbegriff hat entsprechend drei Dimensionen:

1. Eine erste, anthropologische Dimension ergibt sich durch die Polarität von Erkennen und Handeln. Sie verweist sowohl auf ältere Bildungstraditionen, die den Menschen aufrecht zwischen Himmel und Erde sahen, als auch auf einen ganzheitlichen Ansatz, auf ein Lernen mit „Kopf, Herz und Hand“ unterrichtsorganisatorisch metamorphosiert zu kognitiven, künstlerischen und praktisch-handwerklichen Angeboten. Die Entwicklung des Menschen zur freien Persönlichkeit bildet sich in dieser Polarität von Erkennen und Handeln ab. Der freie Mensch ist im Sinne der Waldorfpädagogik der aus Erkenntnis Handelnde. Denn Erkennen und

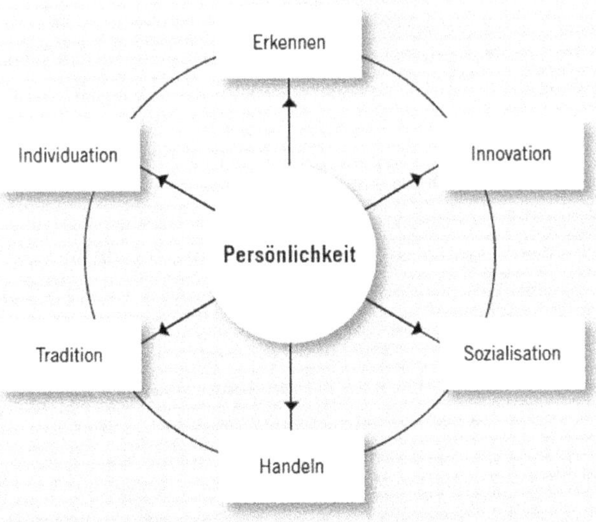

Abb. 7: Dynamischer Bildungsbegriff

Handeln bestimmen das ontologische Verhältnis des Menschen zur Welt. Durch das Erkennen gewinnt er ein Orientierungsbewusstsein im Strom der Ereignisse und stellt Ordnung und Regelmäßigkeit her. Durch das Handeln setzt er seine Intentionen nach außen und verändert die Wirklichkeit nach gesetzten Zielen. Im Sinne einer ganzheitlichen Pädagogik müssen diese beiden Bereiche jeweils altersspezifisch mit einem vielseitigen Lernangebot korrespondieren. Nur dadurch, dass der Mensch aus eigener Erkenntnis zu handeln vermag, wird er zu jener mündigen Persönlichkeit, die in gesellschaftliche Prozesse gestaltend einzugreifen vermag. Insofern der Einzelne in dieser Weise die eigene Biografie gestalten kann, besitzt er individuelle Kompetenz.

2. Die Polarität von Individuation und Sozialisation markiert die zweite, die soziale Dimension. Die eigene Identität kann der Einzelne nicht für sich allein finden und erhalten, sondern nur im Zusammenhang mit anderen leisten. Die Bildung der Persönlichkeit ist daher immer ein Doppelprozess: Der Einzelne muss sich stets aufs Neue mit sich selber, aber auch mit seiner sozialen Umwelt identifizieren. Er muss versuchen, seine eigene Intention zu verwirklichen, sich aber auch den Bedürfnissen und Anforderungen der sozialen Gemeinschaft zu stellen, in der er lebt. Insofern der Einzelne seine personale Entfaltung und die Übernahme sozialer Verantwortung für sich selbst verbinden kann, besitzt er Sozialkompetenz. Auch sie ist Quelle weiterer Polaritäten, wie zum Beispiel Selbstwahrnehmung und Empathie, Distanz und Nähe, Identität und gesellschaftliche Rolle. Oder bezogen auf das Lernen z. B.: selbst gesteuertes Lernen und Gruppenarbeit.
3. Die dritte, gesellschaftlich-kulturelle Dimension bezieht sich auf die Polarität von Tradition und Innovation, Bewahren und Verändern, in der z. B. Vergangenheit und Zukunft, Wertevermittlung und Ideale mitschwingen. Aber z. B. auch: bewährte Praxismodelle und kreative Methoden. Sie markiert die gesellschaftlichen und kulturellen Aspekte. Denn sowenig die Entwicklung des Einzelnen ohne Führung und Auseinandersetzung mit anderen Persönlichkeiten denkbar ist, sowenig ist sie dies ohne einen gesellschaftlich-kulturellen Hintergrund. Um sich an der Gesellschaft zu orientieren, ist eine Aneignung von überlieferten Erfahrungen, Formen des gesellschaftlichen Zusammenlebens und eine Auseinandersetzung mit den materiellen und immateriellen Gütern und Werten notwendig. Die Lernprozesse sollten dabei so angelegt sein, dass dem Einzelnen ein selbstbestimmtes Verarbeiten der Tradition ermöglicht wird. Ebenso ist mit dem Bildungsauftrag die Förderung innovativer und schöpferischer Fähigkeiten verbunden. Wenn der Einzelne selbstständig diese beiden Aspekte im Spannungsfeld von Tradition und Innovation in einem spezialisierten Lernfeld verbinden kann, besitzt er Fachkompetenz, in dem Sinne, dass er über

eine fachliche und in Weiterführung eine berufliche Handlungsfähigkeit verfügt, die sich einerseits an den tradierten Inhalten eines Berufsbildes (Fachqualifikation) orientiert, aber auch eine eigenständige Spezialisierung auf neue Aufgabenstellungen, selbstständige Erneuerung und kreative Anwendung zu leisten vermag.

Im Sinne von Goethes „Polarität und Steigerung" bedingen sich die skizzierten Polaritäten gegenseitig. Die Grundfigur ist nicht statisch gemeint: Sie bezieht sich sowohl auf die innere Verfasstheit des Menschen als auch damit korrespondierend auf die Organisation von Schule und die Struktur unseres Bildungswesens. Nur durch ein allseitiges pädagogisches Angebot, welches die entsprechenden Polaritäten fördert und fordert, können sich die inneren Impulse der menschlichen Individualität entfalten und steigern.

Die Bildung der menschlichen Persönlichkeit wird somit als Mitte der drei Polaritäten gedacht, in der sich der Mensch als Selbst erlebt und in der seine Lern- und Gestaltungsfähigkeit begründet ist. Diese Skizze möge an dieser Stelle genügen, um aufzuzeigen, dass ein theoretischer Begriffsrahmen für ein ganzheitliches Kompetenzmodell ausdifferenziert und in einem dynamischen Bildungsbegriff eingebettet und verankert werden kann. In einem ganzheitlichen Bildungsgang müssten die entsprechenden Polaritäten auch in unserem Bildungssystem viel stärker aufeinander bezogen werden. Durch die Trennung von Allgemeinbildung und beruflicher Bildung – Humboldts unerlöstem Erbe – werden einzelne Bereiche z.T. tendenziell unterschiedlich angesprochen und gewichtet. Hier Wissenschaftspropädeutik, dort mehr handlungsbezogenes, praktisches Lernen. Hier mehr selbst gesteuerte Lernprozesse, dort mehr Arbeit in Teamprozessen usw. Dadurch entstehen entsprechende Vereinseitigungen. Auch unter systemisch-strukturellen Aspekten lässt sich der dynamische Bildungsbegriff als Steuerinstrument verstehen, wie die Graphik verdeutlichen soll.

Damit wird aber auch deutlich, wie modern der Ansatz Rudolf Steiners in seinen „volkspädagogischen Vorträgen" (1919) war, der beide Bereiche miteinander zu verbinden suchte.

Mit dieser Folie im Hintergrund wird auch die immer noch aktuelle innovative Kraft der Hiberniaschule und ihre bildungspolitischen Zielsetzungen deutlich:

> *„Es bleibt zu fragen, welche Konsequenzen eine von dem Gedanken personale Autonomie bestimmte Allgemeinbildung, wie sie ansatzweise in der Hibernia Konzeption verwirklicht worden ist, für das an die Erstausbildung anschließende weiterführende Lernen hat. Wenn eine solche neue Erstausbildung gesellschaftlich allgemein ermöglicht würde, so hätte das zur Folge, dass alle herangewachsenen im Zeitpunkt ihrer gesellschaftlichen Mündigkeit mit den gleichen Kompetenzen ausgestattet worden wären:*

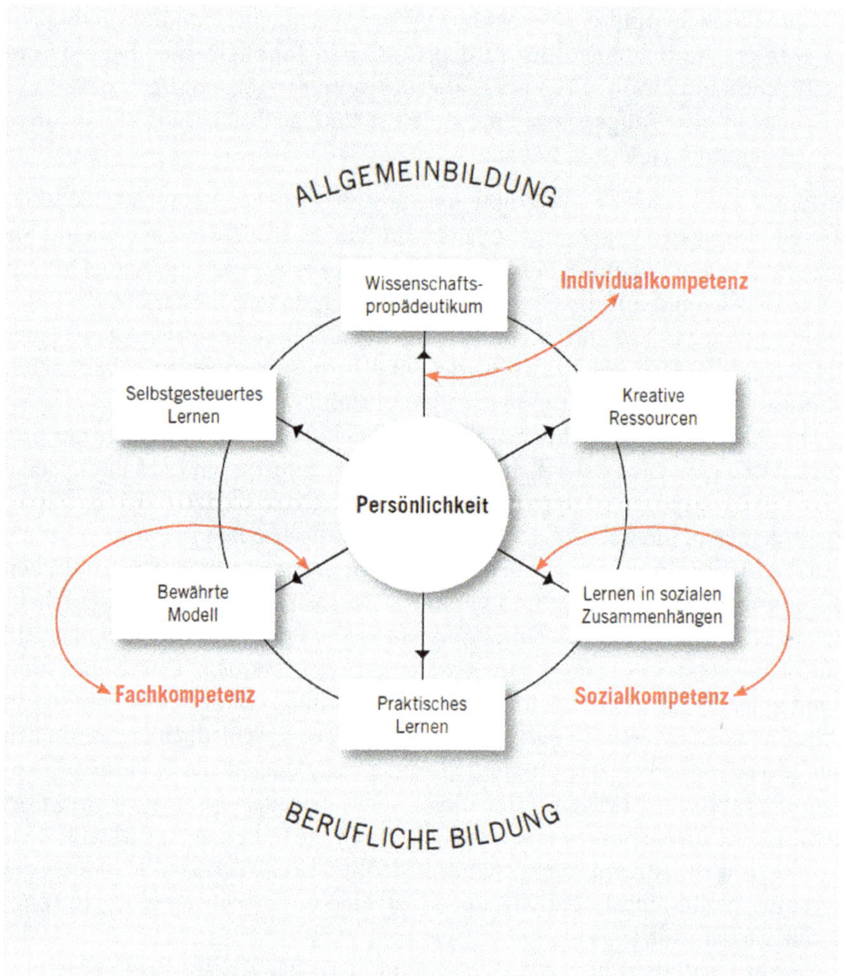

Abb. 8: Integration allgemeiner und beruflicher Bildung

- *sie haben einen Basisberuf erlernt und sich für die Übernahme eines konkreten Arbeitsplatzes mit ausführender Berufstätigkeit spezialisiert;*
- *sie haben damit begonnen, individuelle Interessenschwerpunkte aufzubauen;*
- *sie sind befähigt worden und motiviert, selbstständig weiter zu lernen.*“[18]

Die Integration von beruflicher und allgemeiner Bildung zu einer „neuen Allgemeinbildung“ vermittelt dem Einzelnen eine berufliche Qualifikation und die Fähigkeit zum lebenslangen Lernen, ggf. eine entsprechende

18 Fintelmann 1985, S. 132f. In: Edding 1985.

Studienqualifikation. Nach dem Prinzip der gesicherten Plattform eröffnen sich damit individuelle Gestaltungsmöglichkeiten für die eigene Biografie, aber auch für das gesellschaftliche Handeln:

> *„Denn in der Fähigkeit zum selbstbestimmten Lernen gründet die Freiheit der Person. Wer erfahren kann, wie er durch Lernen sich selber immer neue Daseinsräume öffnet und wie er sich befähigt, immer umfassender aus Verantwortung zu handeln, für den tritt zu der Idee der Freiheit die Berührung mit ihrer Wirklichkeit. Es wird selbst vollzogene Erfahrung, dass in einer Gesellschaft so viel Freiheit vorhanden ist, als ich in jedem einzelnen durch selbstbestimmtes Handeln verwirklicht, und dass dieser Prozess in der selbstbestimmten Lernentwicklung jedes Einzelnen beginnt.“*[19]

3.2 Ein Exkurs: Digitalisierung und Bildung

Der Begriff „Digitalisierung“ erzeugt vielfältige Assoziationen und wird mit unterschiedlichen Konnotationen gebraucht. Im Alltag denkt man an Einsatzmöglichkeiten von Smartphones, Sprachassistenten oder das flexible Streamen von Filmen usw.; unter sozialen Aspekten an die vielfältigen Kommunikationsmöglichkeiten, aber auch an Datenschutz und Datenmissbrauch; wirtschaftlich gesehen assoziiert man künstliche Intelligenz, Roboter oder Online-Handel u.v.m. Es gibt Diskussionen um die Schnittstellen und künftigen Verbindungen von Mensch und Maschine, aber auch die diffuse Angst, dass Letztere in der Zukunft intelligenter werden als ihre Erzeuger.

Bezeichnete ursprünglich Digitalisierung nichts weiter als die Umwandlung von analogen Signalen in digitale Informationen, so ist heute eine Vielzahl von Geräten, Maschinen und Informationsverarbeitungsprozessen mitgemeint, deren Systematisierung nach Funktionsweise, Zweck, Energieform o.ä. schwierig und schnell unübersichtlich wird.

Der „digitale Wandel“ bezieht sich auf fast alle gesellschaftlichen, sozialen und wirtschaftlichen Prozesse und die entsprechenden Auswirkungen dieser Neuen Technologien. Die vielfach diskutierten neuen Herausforderungen, die die Digitalisierung für das Bildungswesen darstellen, verweisen dabei auf alte Probleme im Spannungsfeld von Technik und Bildung. Sie fordern eine grundsätzliche, pädagogische Reflexion über deren Verhältnis.

Denn die Digitalisierung ist Teil und aktuelle Spitze einer rasanten Technikentwicklung. Die Schwierigkeiten einer begrifflichen Einordnung und Präzisierung dessen, was darunter genau zu fassen ist, liegt nicht allein an der Vielfalt technischer und digitaler Artefakte, die sich einer generalisierenden auf einen gemeinsamen Wesenszug zielenden Analyse sperren. Sie liegt an ihrem Erfinder.

---

19 A.a.O. S. 133.

Technik gibt es, solange es Menschen als Kulturschaffende gibt; Kulturgeschichte und Technikentwicklung sind eng aufeinander bezogen. Das eine ist ohne das andere kaum denkbar. Der Nachweis bestimmter technischer Artefakte ist in der Archäologie gleichbedeutend mit dem Nachweis kultureller Niveaustufen. In einem ganz ursprünglichen Sinn sind daher „Technik“ und „Kultur“ (in weiter Auslegung auch „Bildung“) verschwisterte Faktoren und Ausdruck menschlicher Entwicklung. Wegen der prinzipiellen Offenheit menschlicher Entwicklungsmöglichkeiten sowie deren Unvorhersehbarkeit ist eben auch die Technikentwicklung neben dem, dass ihr eine Eigendynamik innezuwohnen scheint, kaum kalkulierbar und festschreibbar.[20]

Als Ertrag aus der philosophischen Technikdebatte kann daher für die pädagogische Annäherung notiert werden: Die Frage nach dem Wesen der Technik verweist zuletzt auf anthropologische Ansätze.

Um das Spannungsfeld von Digitalisierung und Bildung besser zu verstehen, ist es hilfreich, sich die großen Entwicklungsphasen anhand des Dreischritts Techne-Technik-Technologie zu vergegenwärtigen.

3.2.1 Techne

Technik kommt ursprünglich vom griechischen „Techne“. Dies meint viele Arten von Können bzw. Kunstfertigkeit. In engem Bezug zu Handwerk und Kunst betont der Begriff die Hervorbringung (poiesis) von künstlichen Werkzeugen und Werken, die von den natürlich entstandenen Dingen zu unterscheiden sind. Spätestens seit Aristoteles wird unter „Techne“ eine Weise des Wissens mitgedacht: „eine Technik entsteht dann, wenn sich aus vielen durch Erfahrung gegebenen Gedanken eine allgemeine Annahme über das Ähnliche bildet.“[21] Als eigener Wissensbereich, wie sich der Mensch selbstständig in der Welt einrichten kann, steht hier „Techne“ als reflektierte Handlungsfähigkeit neben dem sittlichen Handeln (Praxis) und der denkenden Betrachtung (Theoria). Aus vermittelter Tradition und erworbener Erfahrung durch ständiges Üben steigert sich die antike „Techne“ in ihrer reifsten Form zum künstlerischen Schaffen.

Das antike Denken bezieht also im Begriff der „Techne“ Erfahrung, Handeln und Reflexion sehr eng aufeinander und sieht einen kontinuierlichen Zusammenhang zwischen Handwerk und Kunst. Die Technik hat dabei ihren klar definierten Ort, spielt aber letztlich eine untergeordnete Rolle und bleibt der reinen Erkenntnis unterstellt.

20 Vgl. z.B.: Jonas 1990, S. 15ff.

21 Aristoteles 1966 S. 988.

3.2.2 Technik

Was mit „Techne“ in der Antike gemeint war, entwickelte sich über die mittelalterliche „Ars“ als vernünftiges und geübtes Können zur neuzeitlichen „Technik“[22]. Jahrtausendelang handwerklich und empirisch orientiert, dann eingebunden in die Weltordnung des Abendlandes („Macht Euch die Erde untertan“, Genesis 1, 28), löste sie sich, geistig gestützt durch die Aufklärung und forciert durch die moderne Wissenschaft, mit ihren atemberaubenden Erfolgen als „Maschinen-Technik“ aus allen vorhergehenden Bindungen und demonstrierte die Autonomie des menschlichen Bewusstseins und dessen nunmehr nur an sich selbst gebundenen Willen zur Beherrschung. Das Erfahrungswissen der „Techne“ fand in weiten Teilen unter systematischen Gesichtspunkten Eingang in die expandierende Naturwissenschaft. Diese stimulierte ihrerseits als „angewandte Naturwissenschaften“ den technischen Fortschritt in Form von Maschinen, Automaten, Verfahrensweisen etc. Schließlich so weit, dass die ökonomischen Grundlagen der westlichen Welt auf eine neue Basis gestellt werden konnten (industrielle Revolution). Kaum aber hatte sich die Technik mit der Wissenschaft verschwistert, zeigte sie nachdrücklich ihr Janushaupt. Den nachweisbaren Verbesserungen und Vorteilen der Technisierung: Befreiung von schwerer körperlicher Arbeit, Erfüllung der Lebensbedürfnisse, Steigerung der Lebensqualität und der sozialen Sicherheit etc. – wurden bald deren Schattenseiten aufgerechnet: Entfremdung, Massenkultur, Verabsolutierung des Machtstrebens und globale Zerstörungen.

Den Denkern des Neuhumanismus wie ihren Nachfolgern war die Technik nicht ganz geheuer. Ihnen war sie zwar ein nützliches, aber auch nicht geliebtes Kind der Zeit. „Bildung“ wurde geradezu in Abgrenzung von dem Bereich konzipiert, in dem die Technik die größten Erfolge feierte. Am klassischen Griechenland orientiert, in dem die „Techne“ eine untergeordnete Rolle spielte, bemühte sich das pädagogische Denken um andere Probleme:

> *„Bildung, allgemeine Bildung, also nicht die Befähigung zu ‚Amt‘ und ‚Beruf‘, sondern zum Begriff der Menschheit in unserer Person, ist daher das neue … mit großer Intensität bei Literaten und Philosophen erörterte Thema. Diese allgemeine Bildung ist … geradezu dadurch definiert, dass sie sich der unmittelbaren Verwertung des Menschen und ökonomischen Nutzung entzieht und sich nicht auf die rohe sinnliche Natur begrenzt.“*[23]

Verwertungsinteressen von Bildung wurden, zumindest vordergründig, sorgsam ausgespart und die Bewältigung der Technik als Bildungsaufgabe überhaupt nicht wahrgenommen. Mit der schließlichen Institutionalisierung dieses Denkens in die Formen von Allgemeinbildung und beruflicher Ausbildung

---

22 Klemm 1983.
23 Tenorth 1988, S. 123.

wurde die Technik dann als pädagogisches Problem auf die Seite des beruflichen Systems geschoben. Für das entstehende Bildungsbürgertum lag damit die „Technik“ jenseits des pädagogischen Horizontes. Erst mit Beginn des 20. Jahrhunderts versuchten Kerschensteiner, Spranger, Litt u.a. die Welt der Technik in das Bildungsdenken zu integrieren. Doch die „Technik“, die die industrielle Revolution in Gang brachte, hat sich inzwischen erheblich gewandelt. Die Technik der Maschinen und Fabriken formiert sich heute vielfach als „System“ mit eigenen komplexen Strukturen, als „Technologie“.

3.2.3 Technologie

Im Fortschritt der technischen Entwicklung wurde die Verflechtung von Wissenschaft und Technik immer enger. Die Wissenschaft, insbesondere die Naturwissenschaft, wurde mehr und mehr technisiert. Experimentelle, technische Verfahrensweisen und Instrumente, hochkomplexe Systeme im Umfang ganzer Fabriken, wie z. B. in der Kernphysik, dienen inzwischen der Grundlagenforschung der Wissenschaft und sind zum Vermittler von Erfahrungen geworden, die der bloßen Sinnesbeobachtung nicht zugänglich sind. Andererseits nimmt auch der technische Fortschritt die Wissenschaften in großem Umfang in den Dienst. So markiert etwa der Begriff „big science“ die enge Zusammenarbeit verschiedener Wissenschaftszweige zur Entwicklung von neuen Verfahrenstechniken oder technischer Produkte, wie z. B. Superchips und Supercomputer. Dabei verwendet die Technik Wissenschaft instrumentell und hat ein lediglich pragmatisches Interesse an der Wahrheit wissenschaftlicher Theorien. An diesem Punkt sind Wissenschaft und Technik aber scharf zu trennen. Trotz vieler Verflechtungen liegt die Differenz in der Zielrichtung: Wissenschaft strebt nach gesicherten Erkenntnissen, Technik zielt auf konkrete Handlungen und Veränderungen der Wirklichkeit.[24] Ein gemeinsames Feld wird dabei mit dem Terminus „Technologie“ bezeichnet.

So problematisch es bei genauerem Hinsehen scheint, von der Technik zu reden und etwas Allgemeines zu meinen, so wenig gibt es eine „Technologie“ als allgemeine Lehre von der Technik. Was es gibt, sind spezifische Technologien als wissenschaftsförmige Systeme von Problemlösungen technischer Gebiete, Theoriegrundlagen und Mittel inbegriffen. Eine allgemeine Technologie als systematischer Bezugspunkt für die verschiedenen Disziplinen und Voraussetzungen für die individuelle und gesellschaftliche Bewältigung der modernen Technik ist historisch nicht entwickelt worden und steckt bis heute noch in den Anfängen. Für interdisziplinäre Ansätze gilt dies erst recht.[25]

---

24 Vgl. zu diesem Komplex z.B. Sachsse 1978.
25 Ropohl 2009.

Der Grund ist dabei nicht nur in dem Tempo des technischen Fortschritts und der zunehmenden Differenzierung der Technikbereiche zu sehen. Eine wesentliche Bedingung für das Ausbleiben einer allgemeinen und systematischen Technologie liegt in der Einschränkung bzw. Verdrängung der Reflexion über die Technik durch die Bildungspolitik des Neuhumanismus im 19. Jahrhundert.

> *„Die einmalige Höhe, die die technische Bildung zumindest an den allgemeinbildenden Realschulen in Deutschland zu Beginn des 19. Jahrhunderts erreicht hatte, war durch den Einfluss des Neuhumanismus schon 40 Jahre später bis auf Restspuren abgebaut, zu einer Zeit also, in der paradoxerweise der technisch-industrielle Aufstieg Deutschlands zur Weltmacht begann. Technische Bildungselemente waren nicht für würdig befunden worden, in den allgemeinbildenden Fächerkanon aufgenommen zu werden.“*[26]

Die Aufspaltung des Bildungswesens in den allgemeinbildenden und beruflichen Teil sowie der Ausschluss der Technik aus dem humanistischen Bildungsdenken bedingte Entwicklungsprozesse, deren gravierende Folgen bis heute spürbar sind. Zum einen wurde und wird – überspitzt formuliert – die Gesellschaft daran gehindert, über die Konsequenzen ihres eigenen Tuns nachzudenken. Da Technik nicht thematisiert wurde, folgte, dass die gebildete Elite mit rein humanistischer Bildung Schwierigkeiten damit hatten, die gewaltigen technischen, ökonomischen und sozialen Veränderungen zu verstehen. Dies wiederum führte einerseits vielfach zur Problematisierung bis zur Dämonisierung der Technik, andererseits zur Handlungsunfähigkeit gegenüber den auftretenden sozialen Fragen. Zum anderen wurde das technische Handeln nicht in einen übergeordneten Kontext eingebunden. Als weitere Konsequenz für die Pädagogik ergab sich daraus, dass die Konzepte „technischer Bildung“ sich beinahe ausschließlich als Bildung für die Technik (im Sinne von berufsbildend) formierten, eine Bildung durch die Technik (im Sinne von allgemeinbildend) aber kaum in den Blick kam. Technische Bildung entwickelte sich berufsbezogen und jeweils fachspezifisch. Demgemäß fielen fachdidaktische Ansätze punktuell und rein auf die Vermittlung von eng umschriebenen Qualifikationen aus.

Dabei läuft die Diskussion um technische Bildung der rasanten Entwicklung der modernen Technik, insbesondere der Computertechnologie ständig hinterher. Bevor entsprechende Ansätze in den Schulalltag Einzug halten, scheinen sie heute schon veraltet, wo es doch nötig wäre, die Technik von morgen schon in den Blick zu nehmen.[27] Die späte und verpflichtende Aufnahme des Faches Informatik in den allgemeinen Bildungskanon ist ein Symptom dieser Entwicklung, ebenso wie die Diskussion um Konzepte von

---

26 Fuchtmann 1977, S. 44 vgl. auch: Wiesmüller 2006.
27 Harari 2017.

Medienkompetenz und die weitreichenden pädagogischen Herausforderungen, die die Digitalisierung an Schulen stellt. Festzuhalten ist hier, dass ein Bedingungsverhältnis von Technik und Bildung besteht. Das Fehlen einer Bildung durch die Technik führte zu einem „restringierten Technikverständnis", dies hinderte die Entwicklung eines allgemeinen Technologiekonzeptes als Voraussetzung für einen Ansatz „technischer Bildung".

Die Reformschulen, insbesondere die Waldorfschulen sind hier mit ihrem handwerklich-praktischen Unterricht früh einen anderen Weg gegangen. Hier sind eine Reihe von methodisch-didaktischen Ansätzen entstanden und jahrelange Erfahrungen gemacht worden[28], die wichtige Bausteine zu einer anthropologisch begründeten, technischen Bildung liefern können. Die berufsbildenden Waldorfschulen[29] haben hier umfassende und weiterentwicklungsfähige Konzepte entwickelt.

Doch reichen Kenntnis von Ziel und Mittel, Vorhersagbarkeit und Machbarkeit nicht allein, um Technik zu verstehen, erst recht nicht, um sie zu verantworten. Die in sich stimmigen, zweckrationalen Teilschritte technischer Prozesse sind auf ihre globalen Verschränkungen und Folgen hin nicht interpolierbar. Dass gerade die ethischen Probleme, die die moderne Technik ihnen stellt, in dieser Spannung begründet liegen, hat bereits Jonas ausdrücklich hervorgehoben:

> *„Die Kluft zwischen Kraft des Vorherwissens und Macht des Tuns erzeugt ein neues ethisches Problem. Anerkennung der Unwissenheit wird dann die Kehrseite der Pflicht des Wissens und damit ein Teil der Ethik, welche die immer nötiger werdende Selbstbeaufsichtigung über unserer übermäßigen Macht unterrichten muss".*[30]

Für pädagogische Konzeptionen zur technischen Bildung und Digitalisierung folgt daraus, dass sie ohne ein entsprechendes Konzept menschlichen Handelns mit Blick auf eine Verantwortungsethik nicht auskommen können.

Durch diesen kurzen Exkurs in die Geschichte technischer Bildung wird deutlich, dass die neuen Herausforderungen der Digitalisierung ins Zentrum alter, sich immer wieder neu stellender Problemen, führen: zu der Bestimmung des Verhältnisses von Theorie und Praxis, zum Verhältnis allgemeiner und beruflicher Bildung. Hierbei können anthropologische Fragen und Ansätze nicht umgangen werden.

---

28 Richter 2016.
29 Rist und Schneider 1990.
30 Jonas 1995, S. 28.

3.2.4 Ein anthropologisch orientierter Vorschlag

Als Vorschlag zur begrifflichen Orientierung wird hier der bereits dargestellte dynamische Bildungsbegriff in Anschlag gebracht, um die von der Digitalisierung gestellten Herausforderungen vom Menschen her in einen systematischen Zusammenhang zu bringen. Damit wird einerseits ein anthropologischer Ansatz auf die pädagogischen Aufgabenfelder bezogen und andererseits die Leistungsfähigkeit dieses Bildungskonzeptes dargestellt, in dem es auf die technologischen Bereiche bezogen wird. Diese sind zwar vielfältig untereinander vernetzt und stützen sich gegenseitig, lassen sich aber den Polen und zugehörigen pädagogischen Aufgaben zuordnen.

Erkennen

Versteht man unter Erkennen das Durchdringen und Bearbeiten unserer Wahrnehmungen durch unser Denken mit dem Ziel eines kognitiven Wissenserwerbs und der Erlangung geistiger Fähigkeiten, so lassen sich die künstliche Intelligenz (KI), Techniken der Augmented Reality (AR) und der virtuellen Realität (VR) als technische Hilfsmittel auf diesen Bereich naturgemäß beziehen. Bei der AR handelt es sich um eine computergestützte Erweiterung der menschlichen Wahrnehmung. Obwohl diese Erweiterung alle Sinnesmodalitäten umfassen kann, wird in der Regel unter erweiterter Realität die Ergänzung von visuellen Wahrnehmungen durch computergenerierte Zusatzinformationen in Echtzeit verstanden, die zu den Wahrnehmungen eingeblendet werden oder sie überlagern können. Die Anwendungsmöglichkeiten sind vielfältig: beim Sport und bei Sportübertragungen; für die Gesichtserkennung; für die Navigation; in der industriellen Produktion, wo Planungsdaten mit realen Größen abgeglichen werden können usw. Die Informationen werden situativ nach implementierten Regeln aus entsprechenden Datenbanken bereitgestellt. Ob diese Informationen tatsächlich zu den aktuellen Wahrnehmungen passen oder ausreichen, um sie gegebenenfalls weiter zu verarbeiten, bleibt dem Anwender überlassen. Sie sind punktuell auf den jeweiligen Standort bezogen und nicht mit anderen Informationen vernetzt. Der Anwender muss auch entscheiden, ob seine eigenen Wahrnehmungen nicht mehr und anderes liefern, weil nicht in den Datenbanken vorhanden, was zum Beispiel in Diagnosefällen bei Fehlfunktionen in der Produktion oder in der Medizin wesentlich sein kann. Die KI stellt weitere technische Hilfen bereit, indem sie Form des logischen Denkens nachbildet und zum Beispiel durch Expertensysteme in Verbindung mit Programm zur Mustererkennung Entscheidungshilfen und Problemlösungen anbietet. Auch hier wird ggf. auf Datenbanken mit großen Mengen gespeicherter Information zugegriffen, die die Informationen nach vorgegebenen Algorithmen verarbeiten. Zu den vielfältigen Anwendungen wissensbasierte Systeme gehört u.a. die Spracherkennung und automatische

Sprachverarbeitung. Auch hier muss der Anwender entscheiden, ob die vom Computer erzeugten Ergebnisse zu der realen Anwendungssituation passen und angemessen sind. Denn sie basieren auf gespeicherten Informationen der Vergangenheit, die nach vorgegebenen Kategorien strukturiert und einem entsprechenden Regelwerk kombiniert sind. Dies kann in komplexen Situationen problematisch werden, wenn bestimmte, in der Realität wirksame Faktoren noch nicht erfasst worden sind. Dies kann zum Beispiel im medizinischen Bereich bei diagnostischen Expertensystemen der Fall sein, wenn aktuelle Forschungsergebnisse noch nicht zureichend in den zugehörigen Datenbanken erfasst worden sind. Ebenso spielt die ethische Dimension hier eine wichtige Rolle insbesondere bei Vorhersagen künstlicher Intelligenz, denn innerhalb des komplexen Prozesses mit weitreichenden Folgen ist eine logische an quantitativen Faktoren orientierte Entscheidung nicht zwingend die moralisch vertretbare. In der VR wird ausschnitthafte die Wahrnehmung der realen Welt mit ihren physikalischen Eigenschaften in Echtzeit simuliert. Sie fordert die menschliche Erkenntnisfähigkeit in der Kombination von visuellen Wahrnehmungen und mit künstlicher Logik gesteuerten Abläufen besonders heraus. Dabei ist deutlich, dass eine Orientierung in virtuellen Welten nur dann sinnvoll und möglich ist, wenn eine Orientierung in der realen Welt vorausgeht und mit einer entsprechend psychischen Stabilität verbunden ist.

Die neue Qualität und die pädagogische Herausforderung, die die Digitalisierung an das menschliche Erkennen stellt, bzw. die Wahrnehmung der und dem Denken unmittelbar zuordenbaren Maschinen, besteht also darin, dass zum souveränen Umgang mit solchen Maschinen Fähigkeiten gefordert sind, die über einen reinen Wissenserwerb hinausgehen. Hier wird u.a. eine bewusstere, aufmerksame Wahrnehmung gefordert, die die bereitgestellten Informationen mit der realen Wirklichkeit abgleichen kann; eine entsprechende Urteils- und Entscheidungsfähigkeit; sowie ein vernetztes Denken, das die jeweilige Situation im Gesamtzusammenhang einordnen und gegebenenfalls unabhängig von vorgegebenen Strukturen gestalten kann.

Handeln

Dem Gegenpol des Erkennens, der menschlichen Handeln lassen sich Technologien zuordnen, die der Automatisierung von Handlungsabläufen und Arbeitsprozessen dienen. Hier handelt es sich um komplexe, vernetzte und in der Regel durch Computer gesteuerte Maschinen und Roboter, die einfache wie komplexe Tätigkeiten schnell, genau und weitgehend selbsttätig ausführen. In den entsprechenden Produktionsstätten und Fabrikhallen in der die Güter durch eine Automatisierungstechnik hergestellt werden, hat sich die Rolle des Menschen von der direkten Produktion auf Aufgaben der Planung, Kontrolle, Wartung und administrativer Verwaltung der Prozesse verschoben.

Hier besteht die Herausforderung insbesondere in der Entwicklung von Fähigkeiten zur Prozesswahrnehmung und -planung sowie der Reflexion der durch Maschinen weit erweiterten Handlungsmöglichkeiten und deren humane und soziale Auswirkungen. Denn wenn der Mensch sich durch Automatisierung von monotonen und anstrengenden Routinen befreien kann, so erhebt sich die Frage, zu was, wie und mit welchen möglichen Folgen die Automatisierung eingesetzt werden soll.

Individuation

Der menschlichen Individuationsphase lässt sich ebenfalls eine Vielzahl von Geräten und Apps zuordnen, die der Optimierung und Selbst-Optimierung menschlichen Strebens dienen und dienen sollen: digital gesteuerte Fitnessgeräte, Smartwatches mit diversen Funktionen, Navigationssysteme und allen voran das Smartphone mit seinen vielfältigen Einsatzmöglichkeiten und Apps zur Planung und Koordination von Arbeit und Alltag, Unterhaltung, Selbstmotivation und Selbststeuerung etc. Sie versprechen Orientierung, bessere Erledigung von Aufgaben und leichteres Leben in einer immer komplexer werdenden und auf Tempo und Beschleunigung ausgerichteten Gesellschaft. Ihnen liegen vielfach Handlungsmaßstäbe und Vorstellung von modernen Lebensstilen zugrunde, die zum Teil inhomogen und erst mit den eigenen Lebensentwürfen abgeglichen werden müssen. Ihre Herausforderung besteht unter anderem darin, dass zuerst ein positives Bild der eigenen Individualität, auf ihre eigenen Möglichkeiten und Entwicklungsbedürfnisse, Lebensplanung und biografische Ziele entwickelt werden müsste, um auf dieser Basis bewusst zu entscheiden, inwieweit hier digitale Helfer bei der Gestaltung von Leben und Arbeit sinnvoll sind.

Sozialisation

Für Sozialisationsprozesse sind zunehmend soziale Medien von Bedeutung, die eine digitale und umfassende multimediale Kommunikation von globaler Reichweite in Echtzeit ermöglichen. Neben den positiven Effekten neuer Kommunikationsformen besteht ihre Herausforderung in der bewussten Gestaltung dieser Kommunikationsprozesse der Selbst- und Fremdwahrnehmung, wie der individuellen Darstellung in unterschiedlichen Medien und deren Auswirkung auf die eigene psychosoziale Verfassung. Eine besondere Aufgabe ist hier die Aufmerksamkeit im Umgang mit Emotionen und deren Beeinflussbarkeit, wie Manipulationsmöglichkeit. Dies zeigt zum Beispiel das Phänomen des Hate-Speech (Hasskommentar). Hier ist u.a. eine Bewusstseinserweiterung gefordert, die achtsam mit den ethischen Auswirkungen von Kommunikationsprozessen umgehen lernt.

Tradition

Im Umgang mit der Vergangenheit, der Tradition und der Frage was es zu bewahren und was es zu verändern gilt, spielen Datenbanksystem eine immer größer werdende Rolle. Sie sichern Daten, Informationen, Objekte und Modelle und machen sich schnell denjenigen überall verfügbar, die entsprechende Zugriffsrechte besitzen. Sie fordern ein anwendungsorientiertes Informationsmanagement und vom Benutzer die Fähigkeit, mit den erhaltenen Daten angemessen umgehen und sie entsprechend beurteilen zu können. Die Herausforderung besteht hier darin, dass das Lernen von Fakten, die Aneignung von Wissen hinter der Frage zurücktritt, wie man Zugang zu den vorhandenen Daten und Informationen bekommt, welche Informationen man überhaupt haben will, wie man die Verlässlichkeit dieser Daten einschätzen kann und wie man weiter damit umgeht. Auch hier ist eine erhöhte, vorurteilslose Urteilsfähigkeit und eine Prozesswahrnehmung des Informationsflusses bezüglich der Anwendungssituation gefordert.

Innovation

Dass der menschliche Bereich, der sich der Digitalisierung naturgemäß entzieht, ist zugleich derjenige, der im Umgang mit ihr am meisten gefordert wird: der der menschlichen Innovationsfähigkeit und Kreativität. Datenbanken, künstliche Intelligenz und weitere digitale Werkzeuge basieren auf der Vergangenheit und können das zukünftige nur als deren berechenbare Fortsetzung voraussagen. Sie können nicht aus sich heraus neue Anwendungsmöglichkeiten erfinden, neue Zusammenhänge mit noch nicht bekannten Blickwinkeln erschließen etwas kreativ Neues erzeugen, was es in der Vergangenheit so noch nie gab. Diese kultur- und wertschaffende Innovationsfähigkeit unterscheidet den Menschen von Maschinen.

Insgesamt sind zur humanen Bewältigung der Digitalisierung neben fachlichen und sozialen Kompetenzen insbesondere umfassende personale Kompetenzen des Menschen gefordert. Inwieweit diese Kompetenzen im Umgang mit digitalen Technologien erworben und gefördert werden können oder ob sie für den Umgang mit diesen Technologien vorher in einem angemessenen Maße vorhanden sein müssen, werden weitere pädagogische Erfahrungen, Forschungen und Diskussionen zeigen.

3.3 Die Schule als Motor reformpädagogischer Entwicklungen

Als die erste Waldorfschule 1919 als Betriebsschule der Waldorf-Astoria-Zigarettenfabrik in Stuttgart gegründet wurde, war sie Teil einer gesellschaftlichen

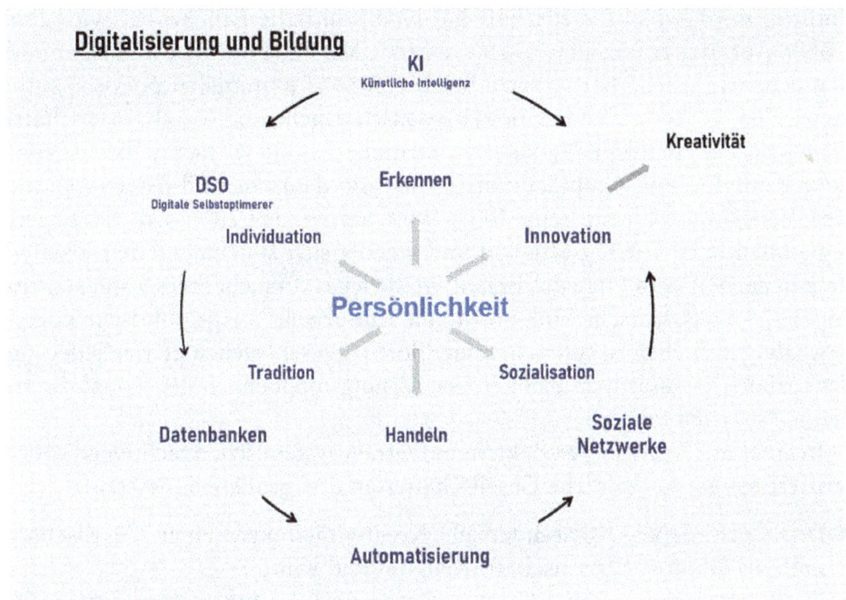

Abb. 9: Digitalisierung und Bildung

Initiative für soziale Reformen[31]. Ausgangspunkt war das skizzierte Menschenbild Rudolf Steiners. Steiners Menschenbild steht in einem engen Zusammenhang mit seinen gesellschaftspolitischen Reformbemühungen, seinen pädagogischen Aktivitäten und weiteren Initiativen einer umfassenden Lebensreform (u.a. alternative Medizin, Architektur, biologisch-dynamische Landwirtschaft ...). Es ist bis heute die ungebrochene Motivationsgrundlage aller inzwischen global wirksamen und expandierenden Waldorfeinrichtungen und weiterer anthroposophischen Initiativen und Unternehmungen. Der Mensch als ein zur Freiheit berufenes Wesen kann sich durch „Lernen und Arbeiten" selbst bilden und sein gesellschaftliches Umfeld kreativ gestalten und der Welt ein humaneres Antlitz verleihen. Die Schule ist dabei ein wichtiger Motor reformpädagogischer Entwicklungen.

Dabei ist die Geschichte der Entwicklung seines des politischen Denkens Rudolf Steiners vielfältig. Hierzu gehören seine frühen Auseinandersetzungen und Begegnungen mit anarchistischen Ansätzen, so mit Max Stirner und J. H. Mackay (um 1900 in Berlin). Hierher gehört auch seine 5-jährige Lehrertätigkeit (1899 bis 1904) an der von W. Liebknecht gegründeten „Arbeiter-Bildungsschule". Auch sein zunehmend öffentliches Wirken im Rahmen der theosophischen Gesellschaft um die Jahrhundertwende und in seiner späteren

31 Schmelzer 1991.

anthroposophischen Gesellschaft hat eine politische Dimension, wie seine frühen Aufsätze zu sozialen Fragen zeigen[32]. Mit zunehmender Intensität und deutlicher wahrnehmbar versucht Steiner ab 1917 unmittelbar politisch aktiv zu werden. In dieser Zeit beginnt er gesellschaftliche und sozialwissenschaftliche Konzepte und Überlegungen zu formulieren und versucht, über persönliche Kontakte und Gespräche bis in höchste deutsche und österreichische Regierungskreise hinein, seine Ideen wirksam werden zu lassen. Er steigert seine öffentliche Vortragstätigkeit und wendet sich zunehmend den sozialen Fragen zu. Mit dem Ende des Ersten Weltkrieges versucht Steiner mit seinem Aufruf „An das deutsche Volk und an die Kulturwelt"[33] eine politische Volksbewegung ins Leben zu rufen. In seiner dort vorgeschlagenen „Dreigliederung des sozialen Organismus" sieht er eine Lösungsmöglichkeit der damals brennenden sozialen Fragen.

In einer aus heutiger Perspektive modernen systemischen Sichtweise differenziert Steiner neuzeitliche Gesellschaften in drei größere Subsysteme:

- Das Geistesleben- verstanden als Kreativitätsfaktor einer Gesellschaft umfasst Bildung, Wissenschaft, Religion und Kultur.
- Das Rechtsleben- umfasst Gesetze, Regeln und Vereinbarungen der Gesellschaft.
- Das Wirtschaftsleben- umfasst die Produktion, den Handel und Konsum von Waren und Dienstleistungen.

Ohne hier auf nähere Details eingehen zu können, werden sie als unterschiedlich in ihrem Entwicklungsbedingungen und Gestaltungsprinzipien beschrieben. So prognostizierte Steiner z. B. weitsichtig für das Wirtschaftsleben eine natürliche Tendenz zur Globalisierung, während Bildungsbereiche in ihren Entwicklungen immer an regionale und kulturelle Bedingungen geknüpft sind. Unausgewogene Dominanzen des einen Bereichs über den anderen führen daher zu Fehlentwicklungen und sozialen Spannungen und Problemen. Jeweils gleichrangig sollten sich die Subsysteme möglichst autonom entwickeln können und verwaltet werden. Auf der Basis eines gemeinsamen Rechts- und Wertesystems kann sich der Staat dabei im Wesentlichen auf eine demokratisch geregelte Anpassungs- und politische Ordnungsfunktion zum Wohle aller beschränken. Da jeder Mensch in unterschiedlichen Funktionen an den drei Bereichen teilhat, muss die systemische Gliederung nach Steiner ganz lebenspraktisch funktional und dynamisch, und nicht statisch-bürokratisch gehandhabt werden. Im Anschluss an die Forderungen der Französischen Revolution formulierte er drei politische Leitbegriffe für eine neue soziale Gesellschaftsordnung:

---

32 Gesammelt in Steiner 1987a.

33 Steiner 1976. S. 125.

- Freiheit im Kulturleben,
- Gleichheit im Rechtsleben,
- Brüderlichkeit im Wirtschaftsleben.

In diese Zeit fällt auch die Konkretisierung seiner pädagogischen Ideen und die Konzeption einer „Einheitsvolksschule", die er in seinen sogenannten „volkspädagogischen Vorträgen" im Mai 1919 illustrierte.[34] Die Begründung der ersten Waldorfschule im September 1919 ist daher für ihn ein entscheidender Schritt zur Verwirklichung seiner sozialreformerischen Ideen. Am Vorabend der Eröffnung des Lehrerkurses für die erste Waldorfschule formuliert er in einer Ansprache an die versammelten künftigen Lehrer:

> *„Die Waldorfschule muß eine wirkliche Kulturtat sein, um eine Erneuerung unseres Geisteslebens der Gegenwart zu erreichen. Wir müssen mit Umwandlungen in allen Dingen rechnen; und die ganze soziale Bewegung geht ja zuletzt auf Geistiges zurück (die soziale Bewegung ist zuletzt aufs Geistige zurückgeworfen), und die Schulfrage ist ein Unterglied der großen geistigen brennenden Fragen der Gegenwart. Die Möglichkeit der Waldorfschule muß dabei ausgenützt werden, um reformierend, revolutionierend im Schulwesen zu wirken."*[35]

Ein hoher Anspruch: Die Erneuerung des Geistes- bzw. Kulturlebens ist für Steiner 1919 unmittelbar nach dem Zusammenbruch Europas und seiner sozialen Systeme durch die „Weltkriegskatastrophe" eine der wesentlichsten Forderungen des Tages. Das Erziehungs- und Bildungswesen spielt dabei eine entscheidende Rolle, um den Neuaufbau des sozialen Systems von Anfang an in humane Bahnen zu lenken.

Steiner ist mit seiner Reformbewegung für die „Dreigliederung des sozialen Organismus" damals jedoch gescheitert, seine utopischen Vorstellungen konnten sich nicht durchsetzen. Sein Aufruf zur Begründung eines übergeordneten „Kulturrates" für das freie Geistesleben war nicht erfolgreich und seine Versuche, eine alternative Unternehmenskette „Der kommende Tag AG" ins Leben zu rufen, fielen nach anfänglichen Erfolgen der Weltwirtschaftskrise zum Opfer. Übrig blieb zwar noch eine beachtliche Anzahl von Unternehmungen, von denen die Waldorfschule bis heute die erfolgreichste ist, doch politische Aktivitäten traten zunehmend in den Hintergrund des anthroposophischen Wirkens.

---

34 Siehe: Steiner 1980b.
35 Steiner 1992 S. 204.

3.4 Der Bildungsauftrag der freien Schule: Das Konzept der ersten Waldorfschule 1919

Der Bildungsauftrag der Waldorfschule besteht ihrem Selbstverständnis nach in der Lösung von zwei Hauptaufgaben:

a) Bildung soll der Persönlichkeitsentwicklung dienen. Individuelle Fähigkeiten und Anlagen sollen entwickelt werden. Sie bilden neben den Naturgrundlagen und den Produktionsmitteln eine der tragenden Fundamente und Ressourcen der gesellschaftlichen Entwicklung überhaupt. Eine Gesellschaft, deren Bildungssystem nicht intakt ist, untergräbt langfristig ihre eigene Innovations- und Überlebensfähigkeit. Als pädagogischen Auftrag formuliert Steiner zugespitzt und scharf konturiert:

> *„Was gelehrt und erzogen werden soll, daß soll nur aus der Erkenntnis des werdenden Menschen und seiner individuellen Anlagen entnommen sein. Wahrhaftige Anthropologie soll die Grundlage der Erziehung und des Unterrichtes sein. Nicht gefragt soll werden: was braucht der Mensch zu wissen und zu können für die soziale Ordnung, die besteht; sondern: was ist im Menschen veranlagt und was kann in ihm entwickelt werden? Dann wird es möglich sein, der sozialen Ordnung immer neue Kräfte aus der heranwachsenden Generation zuzuführen. Dann wird in dieser Ordnung immer das leben, was die in sie eintretenden Vollmenschen aus ihr machen; nicht aber wird aus der heranwachsenden Generation das gemacht werden, was die bestehende soziale Organisation aus ihr machen will.“*[36]

b) Zugleich muss Bildung den sich entwickelnden Persönlichkeiten aber auch einen eigenen Weg in die Gesellschaft eröffnen und sie in die bestehende soziale Ordnung integrieren. Die Jugendlichen müssen sich in ihrer Gesellschaft orientieren, ein eigenes Verhältnis zu dem Bestehenden und den älteren Generationen finden und Handlungskompetenz erwerben, damit in dieser Ordnung das sein kann, was sie aus ihr machen wollen. In dem Aufsatz „Die pädagogischen Grundlagen der Waldorfschule“ formuliert Steiner diese zweite Seite des pädagogischen Auftrages an das Bildungswesen wie folgt:

> *„Die Art, wie sich die moderne Industrie in die Entwicklung des menschlichen Gesellschaftslebens hineingestellt hat, gibt der Praxis der neueren sozialen Bewegung ihr Gepräge. Die Eltern, die ihre Kinder dieser Schule anvertrauen werden, können nicht anders, als erwarten, daß diese Kinder in dem Sinne zur Lebenstüchtigkeit erzogen und unterrichtet werden, der dieser Bewegung volle Rechnung trägt. Das macht notwendig, daß bei der Begründung der Schule von pädagogischen Prinzipien ausgegangen wird, die in den Lebensforderungen der Gegenwart wurzeln. Die Kinder sollen zu Menschen erzogen und für ein Leben*

36 A.a.O. S. 26.

unterrichtet werden, die den Anforderungen entsprechen, für die jeder Mensch, gleichgültig aus welcher der herkömmlichen Gesellschaftsklassen er stammt, sich einsetzen kann. Was die Praxis des Gegenwartslebens von den Menschen verlangt, es muß in den Einrichtungen dieser Schule sich widerspiegeln. Was als beherrschender Geist in diesem Leben wirken soll, es muß durch Erziehung und Unterricht in den Kindern angeregt werden. Verhängnisvoll müßte es werden, wenn in den pädagogischen Grundanschauungen, auf denen die Waldorfschule aufgebaut werden soll, ein lebensfremder Geist waltete."[37]

Obwohl diese Äußerungen sich zunächst auf die „Einheitsvolksschule" (volkspädagogische Vorträge) beziehen, zeigt sich in welche Richtung er sich die Weiterentwicklung der Schule dachte und dass er dabei auch eine Reform des Bildungswesens im Auge hatte.

Mit dieser Zielrichtung forderte er aber auch ein neuer Typ von Schule: Eine „Erziehung zur Freiheit" fordert eine „freie Schule", ein Prozess der Selbstbildung der Lernenden kann nur durch eine Selbstorganisation der Lehrenden intendiert werden. Die Schule der Zukunft sollte nach Steiner von wirtschaftlicher Abhängigkeit und staatlicher Einengung befreit sein. Methode und Lehrplan seiner Schule sollten sich allein aufgrund der Bedürfnisse des Schülers ergeben und einen lebenslangen Lernprozess veranlagen. Unabhängig vom sozialen Status seines Elternhauses oder seiner Herkunft sollte jeder Jugendliche bis zum 16. Lebensjahr diese Schule besuchen. Die neue Schule war darum als soziale Einheitsschule (Gesamtschule) entworfen, und verzichtete auf alle Auslesemechanismen, wie zum Beispiel Notensystem mit Sitzenbleiben. Das Erbringen von Leistung, ein jedem Kind innewohnender Wunsch, sollte ausdrücklich nicht als Kriterium der Auslese dienen. Bei der Förderung aller Schüler dachte Steiner gerade an die Arbeiterkinder, die damals die staatlichen Schulen nach acht Klassen, mit 14 Jahren verließen. Sein Ziel war eine Schule, die insbesondere in der Oberstufe auf das Leben vorbereitet: „Lebenskunde soll aller Unterricht geben". Er dachte dabei an eine „differenzierte Einheitsschule" in die studien- und berufsbezogenen Lernwege aufeinander bezogen sein sollten.

Was Steiner also forderte, ist „in gründlicher, radikaler Weise mit dem alten Schulwesen zu brechen" und stattdessen eine „Einheitsschule für alle Menschen" zu konzipieren. Eine Analyse der ursprünglichen Konzeption ergibt folgendes Bild[38]: Die „Einheitsschule" umfasst zunächst 10 Schuljahre und ist gegliedert in eine

„Einheitsvolksschule" für die Klassen 1 bis 8
und eine „spezialisierte Einheitsschule" als Oberstufe.

---

37 A.a.O. S. 59.
38 Siehe hierzu Fintelmann/Schneider 1986 in Röhrs 1986 S. 186.

Die methodischen Gesichtspunkte für die konkrete Umsetzung von Erziehung und Unterricht in der ersten Waldorfschule werden dann allein aus einer „pädagogischen Anthropologie“, einer „allgemeinen Menschenkunde“[39] gewonnen. Für die „Einheitsschule“ folgt daraus unmittelbar, dass das Lernangebot von Heranwachsenden für alle gleich sein muss. Steiner formuliert:

> *„Erkenntnis der menschlichen Natur vom Zahnwechsel bis zur Geschlechtsreife, das muß zugrunde liegen allen Prinzipien der sogenannten Volksschulbildung. Aus diesem und vielem Ähnlichen werden Sie erkennen können, daß sich, wenn man von dieser Unterlage ausgeht, nichts anderes ergeben kann als eine Einheitsschule für alle Menschen; denn selbstverständlich: Diese Gesetze, die sich abspielen in der menschlichen Entwicklung zwischen dem ungefähr 7. und ungefähr vierzehnten bis fünfzehnten Jahr, diese Gesetze sind für alle Menschen die gleichen. Nichts anderes dürfte in Frage kommen, als durch die Erziehung und den Unterricht zu beantworten die Frage: Wie weit muß ich einen Menschen als Menschen bringen bis in sein 14. bis 15. Jahr hinein? Das allein heißt volkspädagogisch denken.“*[40]

Hier entwickelte er für die Waldorfschule ein ganzheitliches Curriculum, dass in der Verbindung von „Kopf, Herz und Hand“ das kognitive, künstlerische und praktische Lernen zu einem Gesamtkonzept integriert und bis heute ein entsprechendes Markenzeichen der Waldorfschule darstellt. Es ist auf die Entwicklungsstufen des Menschen bezogen und auf die Entfaltung seiner Persönlichkeit gerichtet. Der methodisch-didaktische Leitbegriff wird in der Formel „Der Lehrplan ist das Kind“ apostrophiert.

Für die spezialisierte Einheitsschule der Oberstufe sieht Steiner zwar eine Differenzierung nach „Handarbeitern“ und „Geistesarbeitern“ vor, für die es jeweils spezifische Lernangebote geben sollte, doch ist ihm das gemeinsame Lernen in stabilen Gruppen hier ebenso wichtig. Hier wechselt das methodisch-didaktische Prinzip und Steiner formuliert eine umfassende (theoretische und praktische) „Lebenskunde“, die ihm einen neuen Typus von „Allgemeinbildung“ verbürgt:

> *„Und Sie werden sehen, wenn in der Zukunft in den Bildungsanstalten zusammensitzt der Tischler- oder Maschinenlehrling mit demjenigen, der vielleicht selber Lehrer wird, dann wird sich auch da etwas ergeben, was zwar eine spezialisierte, aber doch noch immer eine Einheitsschule ist. Nur wird in dieser Einheitsschule alles das drinnen sein, was für das Leben drinnen sein muß, und wenn es nicht drinnen wäre, würden wir in das soziale Unheil noch stärker hineinkommen, als wir jetzt drinnen sind. Lebenskunde muß aller Unterricht geben. Zu lehren wird sein auf der Altersstufe vom fünfzehnten bis zwanzigsten Jahre, aber in vernünftiger, ökonomischer Weise, alles dasjenige, was sich*

---

39 Steiner 1992.

40 Steiner 1980b, S. 19.

auf die Behandlung des Ackerbaus, des Gewerbes, der Industrie, des Handels bezieht. Es wird kein Mensch durch dieses Lebensalter durchgehen dürfen, ohne daß er eine Ahnung bekommt von dem, was beim Ackerbau, im Handel, in der Industrie, im Gewerbe geschieht. Diese Dinge werden aufgebaut werden müssen als Disziplin, die unendlich viel notwendiger sind als vieles Zeug, das jetzt den Unterricht dieser Lebensjahre ausfüllt."[41]

Deutlich werden seine Intentionen auch in der Vehemenz, mit der Steiner gegen einen lediglich rückwärtsgewandten Bildungsbegriff insbesondere des damaligen Gymnasiums polemisiert:

„*Ja, sehen Sie, die Griechen, die Römer, sie haben sich eine Bildung aneignen können, die aus ihrem Leben heraus war, die sie daher auch mit ihrem Leben verband. In unserer Zeit ist nichts da, was uns Menschen mit unserem ganz andersartigen Leben in den wichtigsten Jahren verbindet; sondern viele Menschen, die dann in leitende, führende Lebenslagen hineinkommen, die lernen heute dasjenige, was die Griechen und Römer gelernt haben; sie werden dadurch aus dem Leben herausgerissen. Nur noch dazu sind es die geistig unökonomischten Dinge, die es nur geben kann. Und wir sind heute an einem Punkt in der Menschheitsentwicklung angekommen ..., wo es absolut unnötig ist für unser Verhältnis zum Altertum, daß wir in diesem Altertum besonders erzogen werden; denn schon seit langem ist dasjenige, was die allgemeine Menschheit von dem Altertum braucht, in solcher Weise unserer Bildung einverleibt, daß wir es uns aneignen können, auch wenn wir nicht dressiert werden, durch viele Jahre in einer uns fremden Atmosphäre zu leben. Dasjenige, was man haben soll aus dem Griechen- und Römertum, es kann ja noch vervollkommnet werden, ist auch in der letzten Zeit vervollkommnet worden, aber das ist Gelehrtensache, das hat nichts mit der allgemeinen sozialen Bildung zu tun.*"[42]

Es ist bemerkenswert, dass die Forderung nach einer Neuausrichtung der Bildungsziele bis heute virulent geblieben ist und sich immer wieder neu stellt. So haben z. B. drei renommierte Wissenschaftler in der Zeitschrift Spiegel 2018 an die Bildungsverantwortlichen appelliert: „Entrümpelt die Lehrpläne!" Julian Nida-Rümelin, Manfred Prenzel und Klaus Zierer kritisieren:

„*Aktuelle Lehrpläne bereiten nicht auf das vor, was wir heute schon wissen – und auch nicht auf das, was wir heute nicht wissen können. Sie bereiten auf das vor, was gestern wichtig war.*"[43]

Das soziale Voneinander-Lernen und die Befähigung, ein Leben lang weiter zu lernen, stellt Steiner in eine gesellschaftspolitische Dimension. Ausdrücklich geht es ihm nicht um eine individualistische Entfaltung des Einzelnen, sondern um eine Entwicklung der Gesellschaft mit humaneren Zügen. Das

41 Steiner 1980b, S. 26.
42 Steiner 1980b, S. 23f.
43 Nida-Rümelin et al. 2018.

„lebenslange Lernen" soll aber nicht als eine Anhäufung von Wissen geschehen, gelernt werden soll „vom Leben":

> *„Dasjenige, worauf es ankommt, das ist, daß wir eine Pädagogik finden, wo gelernt wird zu lernen, zu lernen sein ganzes Leben hindurch vom Leben."*[44]

Die im Herbst 1919 in Stuttgart gegründete erste Waldorfschule entspricht konzeptionell der intendierten „Einheitsvolksschule" (Klasse 1 bis 8), wenn auch mit Abstrichen und Kompromissen an den damaligen württembergischen Kultusminister. Methodisch wurde der Waldorfschule zwar freie Hand gelassen, aber die Lehrziele mussten notwendigerweise mit denen der öffentlichen Schule parallel gehen und abgeglichen werden. Ein Schulwechsel sollte für die Schüler jederzeit, insbesondere in der dritten und sechsten Klasse, prinzipiell möglich sein, sodass de facto dem Waldorf-Kollegium nur in den ersten drei Klassen auch inhaltlich völlig freie Hand blieb.

Was nach den ersten 8 Klassen, mit denen die „Einheitsvolksschule" endete, folgen sollte, war eine auf die Kinder der Arbeiter und Angestellten zugeschnittene „allgemeine Fortbildungsschule". Diese kann man sich wie eine heutige Berufsschule – die es damals noch nicht gab – vorstellen oder, „da eine theoretische und praktische Ausbildung vorgesehen war, entsprach das Geplante sogar mehr der heutigen Berufsfachschule". Der an diesem Plan damals beteiligte Lehrer A. Strakosch beschrieb Steiners Intentionen:

> *„Seine Absichten waren die folgenden: In dieser Schule sollten junge Menschen unterrichtet werden, welche Arbeiter werden wollten, und zwar vom Ende der Volksschulzeit, also vom 14. bis 15. Lebensjahr angefangen, durch drei Jahre hindurch. Es entsprach dem Bildungsideal, das bis zu diesem Lebensalter alle jungen Menschen für ihre Ausbildung Zeit haben und dann erst in einen Beruf eintreten sollten. Doch war hier keine fachliche Ausbildung vorgesehen, sondern eher eine als allgemein zu bezeichnende, doch angemessen dem zukünftigen Berufsleben. Neben einer guten Allgemeinbildung im Sinne der Waldorfschule traten praktische Fächer und auch Arbeit an Maschinen, an welche sich auch technischer Unterricht anschloss, jedoch nur Holzbearbeitung. Rudolf Steiner war der Ansicht, dass diese Art der Schule besser der Vorbereitung für die verschiedenen Berufe diene als die schon mit dem 15. Lebensjahr einsetzende Berufslehre, welche zu früh eine Entscheidung in der Wahl des Berufes verlangt. Die in einer solchen „Arbeiterschule" erzogenen jungen Menschen würden sich dann nicht nur sicherer für einen Beruf entscheiden, sie würden auch sehr schnell sich die speziellen Kenntnisse und Fähigkeiten aneignen können …"*[45]

Was Steiner also wollte, eine „praktisch-gymnasiale Fortbildung" bzw. „eine menschliche Fortbildungsschule" für alle Jugendlichen, „ohne dass man die Schule gabelt" – es ließ sich damals nicht verwirklichen. Hierfür lassen sich

44 Steiner 1980b, S. 49f.

45 Zitiert nach Fintelmann/Schneider in Röhrs 1986 S. 178.

mit Fintelmann/Schneider verschiedene Gründe finden: externe, die in der damaligen bildungspolitischen Struktur und der schwierigen Rechtslage zu suchen sind aber auch interne, denn nach Fintelmann/Schneider ist Steiner „in seinen Intentionen nicht verstanden worden, und es fehlte das Können, gemäß dieser Intentionen bildungspolitisch und pädagogisch zu handeln.“[46]

Offensichtlich war sich Steiner der sich abzeichnenden Entwicklung bereits 1921 bewusst. Selbstkritisch reflektiert er:

> *„Man müsste die Schule einrichten, wie ich es in den volkspädagogischen Vorträgen beschrieben habe, dann würde sich herausstellen, wie man diese Schüler durchbringt zu einer richtigen Bildung. Solange man genötigt ist, etwas von der Schulverfassung des Gymnasiums zu haben, was die reine Bourgeoisie-Schule ist – es gibt nichts, was nicht zugeschnitten wäre auf die Bourgeoisie -, da wird der Proletarier nicht hineinpassen.“*[47].

Schneider und Fintelmann resümieren:

> *„Anstelle des Beispiels einer Einheitsschule der Zukunft entsteht immer mehr eine reformierte „höhere Lehranstalt“ mit vorausgehender Grundgesamtschule (eine „einheitliche Volks- und höhere Schule“, wie sie dann offiziell bezeichnet wird). Anstelle der ursprünglichen Population – fast nur Arbeiterkinder – wird sie jetzt zur Schule von Kindern des gehobenen Bürgertums.“*[48]

3.4.1 Fazit: Bildungsreform

Mit dieser Konzeption wird deutlich, dass Steiner weit über die Gründung einer einzelnen Schule hinausdachte: Schule als Teil einer umfassenden zivilgesellschaftlichen Reform, in der eine zukünftige Gesellschaft so zu gestalten sei, dass sich in ihr der Mensch selbstbestimmend und sozial verantwortlich verwirklichen kann. Steiner wollte die pädagogischen Grundlagen für eine „Kultur der Freiheit“ veranlagen; ein Impuls, der zwar vom mitteleuropäischen Kulturraum ausging, der aber von allem Anfang an international und interkulturell gedacht war. Den sozialen Auftrag eines neuen Bildungswesens, den Comenius der Neuzeit mit „omnes omnia omnino – allen alles allumfassend“ zurief, verband Steiner mit dem über die Aufklärung vermittelten Freiheitsimpuls der Moderne: „Sapere aude – habe Mut, dich deines eigenen Verstandes zu bedienen!“ (Kant) zu einer neuen Verantwortungsethik. Motor des gesellschaftlichen Entwicklungsprozesses war für Steiner insbesondere eine Pädagogik der Arbeit. Hier knüpft er an die benediktinische Regel: „ora et labora“ an, die er zeitgemäß umformte in das pädagogische Mantra: „Ich

---

46 A.a.O. 168.
47 Zit. Nach Fintelmann/Schneider in Röhrs 1986 S. 179.
48 A.a.O. S. 167.

will lernend arbeiten – ich will arbeitend lernen". Arbeit als unverzichtbarer Teil menschlicher Bildung und Persönlichkeitsentwicklung manifestierte sich auch im „Genius Loci" ihrer Gründung, als Betriebsschule der Waldorf-Astoria-Zigarettenfabrik.

Die pädagogischen Ansätze Steiners sind inzwischen in breiter Form wirksam geworden. Sie haben nicht nur in der Schule, sondern auch in der Kleinkind- und Kindergartenpädagogik, Kunst- und Medienpädagogik, Berufspädagogik, über die Heil- und Sonderpädagogik bis hin zu therapeutisch-medizinischen Bereichen beeindruckende Anwendungen gefunden.

Aus der ersten Waldorfschule ist eine lebendige, internationale Bewegung mit einer Vielzahl von unterschiedlichen Schulen geworden. Der Lehrplan der Waldorfschule ist als „Gesamtkunstwerk" kontinuierlich weiterentwickelt worden. Er wird von vielen Waldorflehrern im Hinblick auf ihre Schülerinnen und Schülern und dem jeweiligen kulturellen Umfeld immer wieder neu aktualisiert und individualisiert. Auch den praktischen Bildungsgang hat die Waldorfschule in den Klassen 1–8 in fast 100 Jahren zu einem immer noch modernen, pädagogischen Curriculum der Arbeit entwickelt. Praktisches und kognitives Lernen kann in einem dualen Lehrplan ausdifferenziert und über das künstlerische Lernen zu einem ganzheitlichen Bildungskonzept verbunden werden.

Eine grundlegende Reform des Bildungswesens ist allerdings ausgeblieben. Dabei gab es zu Steiners Zeit durchaus eine Chance zu weitreichenden Veränderungen. Steiner war nicht der Einzige, der neue Strukturen forderte. Er wusste sich eins mit einer Reihe von renommierten Persönlichkeiten und bildungspolitischen Kräften, die zum Beispiel eine achtjährige Einheitsvolksschule herbeiführen wollten. Durch den „Weimarer Schulkompromiss" von 1919 wurde diese Hoffnung allerdings zunichtegemacht. Das dreigliedrige Schulsystem wurde damit bis heute ebenso zementiert, wie die Trennung von beruflicher und allgemeiner Bildung, mit nachhaltigen Folgen. Steiner bezeichnete die Waldorfschule damals als einen „historischen Kompromiss". Hier liegt bis heute eine immer noch ungelöste und unerlöste Aufgabe.

3.5 Bildung, Arbeit und Beruf

Im engen Zusammenhang mit anthroposophischen Reformansätzen stehen grundlegende Auffassungen Steiners über Bildung, Arbeit und Beruf. Sie spielen bis heute in anthroposophischen Initiativen und Einrichtungen eine wesentliche Rolle und sind in unterschiedlicher Art und je nach Gegebenheit bei der Gestaltung ihres sozialen Miteinanders realisiert worden. So haben Waldorfschulen unterschiedliche Gehaltsordnung nach sozialen Gesichtspunkten entwickelt und auch die Diskussion um ein „Grundeinkommen" ist von anthroposophischen Initiativen in die öffentliche Diskussion gebracht worden. Auch nach mehr als 100 Jahren und unter ganz anderen gesellschaftlichen Bedingungen können Steiners sozialkritische Ansätze und Analysen nachdenklich stimmen, weil sie an die Wurzeln sozialer und bildungspolitischer Probleme rühren, die bis heute virulent sind. Dies möge im Folgenden beispielhaft durch einige grundsätzliche Aussagen Steiners verdeutlicht werden. Sie sind bis heute Grundlage für das bildungspolitische Selbstverständnis von Waldorfinitiativen:

3.5.1 Freiheit und Bildung

Die Freiheit des Bildungswesens, die „Befreiung" und Verselbstständigung des Bildungswesens gegenüber politischen und wirtschaftlichen Machtinteressen ist für Steiner ein eine wesentliche Forderung und Voraussetzung für eine umfassende bildungspolitische Wirksamkeit. Er ist der Auffassung, dass eine wesentliche Wurzel problematischer sozialer Verhältnisse darin liegt, dass die Entwicklung der sozialen Formen nicht mit dem von Technik und Kapitalismus geprägten Fortschritt der Wirtschaft Schritt gehalten hat:

> *„Das Wirtschaftsleben, von der Technik getragen, der moderne Kapitalismus, sie haben mit einer gewissen Natur und Selbstverständlichkeit gewirkt und die moderne Gesellschaft in eine gewisse innere Ordnung gebracht. Neben der Inanspruchnahme der menschlichen Aufmerksamkeit für dasjenige, was Technik und Kapitalismus gebracht haben, ist die Aufmerksamkeit abgelenkt worden für andere Zweige, andere Gebiete des sozialen Organismus."*[49]

Ein zu starker Einfluss von Staat und Wirtschaft auf das Bildungswesen muss sich laut Steiner schädlich auswirken, weil dadurch die Gesellschaft eine ihrer wesentlichen Grundlagen unterläuft. Staat und Wirtschaft streben ihrer eigenen Logik folgend zunächst nach Systemerhaltung und -bewahrung, was im Gesamtsystem zwar notwendig und richtig, hinsichtlich des Einflusses auf das Bildungswesen aber schädlich ist, da es diese Tendenzen hierauf überträgt:

> *„Denn in Staat und Wirtschaft müssen die Gesichtspunkte innerhalb des Bestehenden, Gewordenen eingenommen werden. Zur Entwicklung des werdenden Menschen braucht man ganz andere Richtlinien des Denkens und Empfindens."*[50]

Steiner hebt dort hervor, dass „das Leben des Staates und der Wirtschaft nichts von der Menschennatur Abgesondertes sind, sondern das Ergebnis dieser Natur". Da der Mensch ein ständig Werdender ist, darf seine Entwicklung nicht allein durch das Gewordene und durch Tradition Bestehende bestimmt werden. Die Innovationsfähigkeit der Lernenden würde hierdurch bereits im

---

49 Steiner 1976 S. 46.
50 A.a.O. S. 27.

Ansatz beschnitten. Wenn dieser Zusammenhang nicht berücksichtigt wird, sondern hier nur auf eine einseitige Orientierung an den Bedürfnissen des Staates und der wirtschaftlichen Produktionsverhältnisse gesetzt wird, so hätte dies laut Steiner verheerende Folgen:

> *„Da aber unter solchen Verhältnissen ein innerer Zusammenhang der heranwachsenden Generation zu dem fortgepflegten Alten doch nicht aufkommen kann, müßte das geistige Leben immer mehr versumpfen. Die Seelen dieser Generationen würden veröden durch das unwahrhaftige Stehen in einer Lebensauffassung, die ihnen nicht innerer Kraftquell werden könnte. Die Menschen würden seelenleere Wesen innerhalb der aus dem Industrialismus hervorgehenden Gesellschaftsordnung.“*[51]

Angesichts der Tatsache, dass mit steigender Tendenz psychische Erkrankungen die drittwichtigste Ursache für Arbeitsunfähigkeit in Deutschland[52] und den Industrieländern sind, stimmen diese Prognosen nachdenklich. Immer mehr Menschen und zunehmend auch Jugendliche kommen durch die „polit-ökonomischen Steigerungs- und Optimierungszwänge“[53] unserer modernen Gesellschaft in innere Bedrängnis. Hierfür Gegengewichte und Kräfte zu entwickeln ist eine zentrale Aufgabe unseres Bildungssystems. Dies bedarf aber entsprechender Freiräume. Für eine ganzheitliche Bildung „ist Freiheit die erste unerlässliche Bedingung“ hatte schon Humboldt 1792 gefordert. Dazu gehört eine entsprechende schulische „Organisation der Freiheit“ gegenüber Wirtschaft und Staat.

Die „Freiheit in der Bildung“ gehört zu den „Sieben Kernforderungen an die Bildungspolitik“ (2019) des Bundes der Freien Waldorfschulen (BdFWS), die im Anschluss an eine aktuelle Elternstudie noch einmal deutlich apostrophiert wurde und im Kontext der Finanzierung von Privatschulen steht:

> *„Wer handelt, übernimmt Verantwortung. Wer pädagogisch handelt, erhält diese Verantwortung von den Eltern, der Gesellschaft und dem Staat übertragen, übernimmt sie aber vor allem gegenüber den Kindern und Jugendlichen, mit denen er oder sie arbeitet. Lebendige Pädagogik entsteht nur, wenn sich die Lehrer*innen als Gestalter und Begleiter eines aktiven Lernprozesses verstehen, nicht als Ausführende extern vorgegebener Standards oder Curricula.*
>
> *Der BdFWS fordert deshalb Autonomie aller Schulen in der Gestaltung ihrer Profile und deren Umsetzung, ihrer personellen Ausstattung sowie der Verwendung ihrer Budgets.“*[54]

---

51 A.a.O. S. 28f.

52 Radtke 2020.

53 Rosa 2020, S. 12 ff.

54 Elternstudie 2019 – Bund der Freien Waldorfschulen.

3.5.2 Bildung und Wirtschaft

Mit seinen Reformideen zum Verhältnis von Bildung und Wirtschaft nahm Steiner mit bemerkenswerter Weitsicht Diskussionspunkte um das sogenannte „Humankapital" vorweg. Ein Begriff, der nach dem „Sputnik-Schock" in den sechziger Jahren und dann verstärkt in verschiedenen Modifikationen seit den achtziger Jahren des letzten Jahrhunderts insbesondere in der beruflichen Bildung in die Bildungsdebatte Einzug gehalten hat. Die Diskussion um das „Humankapital" wurde u.a. durch die Erkenntnis angefacht, dass für den Umgang mit neuen Technologien personale Fähigkeiten, bzw., „Schlüsselqualifikationen", wie „problemlösendes Denken", „Teamfähigkeit", „Engagement", „Motivation" usw. benötigt werden, die nicht per se im Umgang mit diesen Technologien erworben werden. Im Fortgang hat dies zu der flächendeckenden „Kompetenzorientierung" in der allgemeinen und beruflichen Bildung geführt. Wobei unter Kompetenzen jeweils fachliche Qualifikationen unter Einschluss persönlicher Fähigkeiten verstanden werden.[55]

Steiner formuliert zu seiner Zeit, dass insbesondere eine Dominanz des Wirtschaftslebens sich durch einen einseitigen Einfluss auf das Bildungswesen letztlich selbst beschränken würde, denn es:

> *„... wird kein Mittel haben, in dem Menschen den Produktionswillen zu erzeugen; und sie wird auch nicht in der Lage sein, die Erziehungs- und Unterrichtseinrichtung zu treffen, durch die jene individuellen Fähigkeiten der Menschen gepflegt werden, welche die Quelle des Wirtschaftens bilden müssen."*[56]

In diesem Zusammenhang hält Steiner es weder für human noch langfristig praktizierbar, wenn die Wirtschaft allein mit der „Hoffnung auf persönlichen Gewinn" als einziger Motivation zum Arbeitseinsatz kalkuliert. Er warnt:

> *„Es wäre ein verhängnisvoller Irrtum, wenn man glauben wollte, daß das bloße Gebot von Wirtschaftsverwaltungen, die nur das Wirtschaften im Auge haben, lusterweckend auf die Ausbildung von individuellen menschlichen Fähigkeiten wirken könne, und daß ein solches Gebot Kraft genug hätte, den Menschen zur Einsetzung seines Arbeitswillens zu veranlassen."*[57]

Wer hier Zweifel anmeldet,

> *„... weiß eben nicht, daß die Abhängigkeit des Geisteslebens von Staat und Wirtschaft die Sucht nach persönlichem Gewinn hervorbringt, und daß diese Sucht nicht ein elementarisches Ergebnis der Menschennatur ist."*[58]

---

55 Vgl. Gabriel 1995 S. 58ff., sowie Gabriel: Kompetenz am Waldorfberufskolleg 2012 in: Enderle und Schneider 2012.

56 Steiner 1972 S. 35.

57 A.a.O. S. 35f.

58 A.a.O. S. 36.

Ausdrücklich bringt Steiner sein Menschenbild ins Spiel und thematisiert das Verhältnis von „Lernen und Arbeiten“. Er will mit der Schule:

> *„… dem freien, auf sich selbst gestellten Geistesleben ein Gebiet schaffen, mit dem der Mensch lebensvoll verstehen lernt, was die menschliche Gesellschaft ist, für die er arbeiten soll; ein Gebiet, in dem er die Bedeutung einer Einzelarbeit im Gefüge der ganzen gesellschaftlichen Ordnung so durchschauen lernt, daß er diese Einzelarbeit wegen ihres Wertes für das ganze Leben lernt.“*[59]

Arbeit ist dementsprechend für Steiner nicht per se Not und Mühsal, sondern „elementarisches“ Bedürfnis, entsprechend seiner anthropologischen Auffassung, dass der Mensch ein Ausdruckswesen ist, welches im Erkennen und Handeln die Welt und sich selbst verwirklichen möchte.

3.5.3 Die Trennung von Arbeit und Einkommen

Hier schwingt eine weitere Reformidee Steiners mit, die er früh thematisiert und immer wieder in unterschiedlichen Zusammenhängen propagiert hat und eine Konsequenz aus den vorhergehenden Überlegungen ist: die Trennung von Arbeit und Einkommen.

Dieses Thema ist u.a. in der wirtschaftlichen Praxis der Waldorfschulen im Hinblick auf die Gestaltung einer gerechten Gehaltsordnung eine immer wiederkehrende Herausforderung. Es wird aber auch immer wieder von engagierten Sozialreformern auf die gesellschaftspolitische Tagesordnung gesetzt, so zum Beispiel von dem Anthroposophen und Unternehmer Götz Werner in Form des „bedingungslosen Grundeinkommens“.[60]

Die Notwendigkeit der Trennung von Arbeit und Einkommen ergibt sich aus der Entwicklung des modernen Wirtschaftslebens, welches ein neues Verständnis von Beruf und Arbeit fordert.

Das Kennzeichen der modernen Wirtschaft ist für Steiner der Zusammenfluss der beruflichen Qualifikation mit dem auf komplexer Arbeitsteilung beruhenden, integralen Produktionssystem, in dem der faktische Anteil der Leistung eines Einzelnen an den entstandenen Produkten kaum mehr messbar ist. Die klassische Lohnarbeit ist demnach die Tradierung und Institutionalisierung eines veralteten Tausch-Gedankens, der die ökonomische Wirklichkeit nicht mehr trifft und sich daher unsozial auswirken muss:

> *„Im gesunden sozialen Organismus muß zutage treten, daß die Arbeit nicht bezahlt werden kann. Denn diese kann nicht im Vergleich mit einer Ware einen wirtschaftlichen Wert erhalten. Einen solchen hat erst die durch Arbeit hervorgebrachte Ware im Vergleich mit anderen Waren. Die Art, wie, und das Maß, in dem ein Mensch für den Bestand des sozialen Organismus zu arbeiten hat,*

59 A.a.O. S. 36.
60 Werner 2018.

müssen aus seiner Fähigkeit heraus und aus den Bedingungen eines menschenwürdigen Daseins geregelt werden.“[61]

Innerhalb des modernen Wirtschaftslebens ist berufliche Arbeit immer Arbeit mit und für andere. Es gilt, diesen Zusammenhang in seinen sozialen Aspekten und Konsequenzen zu durchdenken und im Bereich der beruflichen Bildung bewusst zu machen und die Heranwachsenden entsprechend zu qualifizieren. Den Zusammenhang von Arbeit und sozialer Organisation hat Steiner bereits 1905 in seinem „Sozialen Hauptgesetz“ formuliert:

„*Das Heil an der Gesamtheit von zusammenarbeitenden Menschen ist umso größer, je weniger der einzelne die Erträgnisse seiner Leistung für sich beansprucht, d. h., je mehr er von diesen Erträgnissen an seine Mitarbeiter abgibt, und je mehr seine eigenen Bedürfnisse nicht aus seinen Leistungen, sondern aus den Leistungen der anderen befriedigt werden.*“[62]

Deutlich spricht sich Steiner damit für eine Trennung von Beruf und Erwerb, Arbeit und Einkommen aus:

„*Worauf es also ankommt, das ist, daß für die Mitmenschen arbeiten und ein gewisses Einkommen erzielen zwei voneinander ganz getrennte Dinge seien.*“[63]

Freilich ist damit noch nicht behauptet, dass Steiner hier einem platten Sozialismus das Wort redet. Leistungsanreize, Einkommensbemessung nach Qualifikationsunterschieden etc. sind auch für Steiner nach wie vor legitim. Was Steiner jedoch für ungenügend hält, ist der ausschließliche Einsatz von Qualifikationen aus Macht- und Profitinteressen ohne eine entsprechende Regelung der Einkommensverteilung nach sozialen Gesichtspunkten.

Die Erwerbsfunktion des Berufs möchte Steiner ausdrücklich von der beruflichen Tätigkeit abgekoppelt wissen. Die berufliche Tätigkeit in einer modernen Gesellschaft kann nach Steiner nicht auf bloße Selbstversorgung gerichtet sein. Die inhaltliche Umsetzung des sozialen Hauptgesetzes fordert daher die Frage nach dem Sinn der Einzelarbeit für das soziale Ganze. Arbeit als Arbeit für andere zu begreifen beinhaltet, sich ein Bewusstsein über diese Zusammenhänge zu verschaffen und „unproduktive Arbeit“, durch die nichts für andere hervorgebracht wird – bzw. etwas hervorgebracht wird, was andere gar nicht wollen -, rechtlich und organisatorisch zu verhindern.

Als Ideal einer sozial geordneten Gesellschaft schwebte Steiner vor:

„*... daß ein jeder Mensch lebendig, mit vollem Bewusstsein, in dem gemeinsamen Arbeitsfelde darinnen steht. Er wird wissen, wofür er arbeitet; und er wird*

61 Steiner 1976, S. 23.
62 Steiner 1987a, S. 213.
63 A.a.O. S. 213.

arbeiten wollen innerhalb der Arbeitsgemeinschaft, in die er sich durch seinen Willen eingegliedert weiß.“[64]

3.5.4 Arbeit und Beruf

Was hat Steiner in diesem Kontext unter „Arbeit und Beruf“ verstanden? Welche Konsequenzen zieht er hieraus für das Bildungswesen?

Entgegen der Erwartung verbreiteter Vorstellungen über die Waldorfschulen hier eine eher rückwärtsgewandte, „romantische“ Beschwörung vergangener Ideale zu finden, hat Steiner eine relativ moderne und realistische Auffassung über die Entwicklung des Arbeits- und Berufslebens vertreten. In dem Vortrag „Beruf und Erwerb“ formuliert Steiner seine These der Unverhältnismäßigkeit von technisch-wirtschaftlichem Fortschritt einerseits und sozialer Struktur andererseits. Gerade an der Frage von Beruf und Erwerb zeige sich,

> „*... was es heißt, wenn die Menschheit auf der einen Seite vorwärtsschreitet, und auf der anderen Seite nicht imstande ist, ihren eigenen Fortschritt mit der notwendigen Erkenntnis und dem notwendigen Interesse zu verfolgen.*“[65]

Die Entwicklung von Technik und Industrie hat zu sozialen Strukturen geführt, die allerdings nicht mit der gleichen Intensität reflektiert und gesteuert worden sind wie der technische Fortschritt:

> „*... wahr ist es doch, daß allen den technischen und wissenschaftlichen Errungenschaften, die wir heute bewundern, auf äußerem und innerem Gebiete, nichts gegenübersteht auf dem Gebiet des sozialen Lebens, der sozialen Struktur. Wir sehen, wie sich in der Disharmonie zwischen menschlicher Sehnsucht, menschlichen Bedürfnissen, menschlichen Idealen, ja sogar der einfach-natürlichen menschlichen Lebenshaltung und dem, was für alle Menschen das Leben in seiner Realität heute bietet, in der mannigfaltigsten Weise die Unangemessenheit des sozialen Denkens in Bezug auf die industrielle Tätigkeit ausprägt.*“[66]

Zur Verdeutlichung kontrastiert Steiner die handwerklich künstlerische Arbeit von der Industriearbeit und bringt ähnlich wie Marx den Begriff der Entfremdung ins Spiel, auch wenn er diesen Terminus selten verwendet. Während der Handwerker früherer Zeiten „sozusagen ein Stück seiner Seele mitgegeben hat den Produkten, die er geschaffen hat“, gilt für den Industriearbeiter, dass er „nur einen kleinen Teil, dessen Zusammenhang mit dem Ganzen er nicht überschaut, ausführt und bearbeitet. Ihm fehlt die Intimität des Zusammenhangs zwischen dem, was das Produkt ist, und seiner Arbeit.“

---

64 Steiner 1972 S.37.
65 Steiner 1985, S. 230.
66 A.a.O. S. 232.

Zwar hat Steiner hier mit seinen Mitstreitern eine Vielzahl von strukturellen Vorschlägen im Rahmen seiner Dreigliederungsidee entwickelt, doch sind dies letztlich zwar notwendige, aber keine hinreichenden Bedingungen, um das soziale Hauptgesetz zu verwirklichen. In Steiners anthropologischem Denken ist es letztlich immer der Einzelne, von dem die entscheidenden Impulse ausgehen müssen. Damit ist zugleich ein entsprechender Auftrag an das Bildungswesen formuliert:

> *„Der Arbeitsimpuls darf nicht im Egoismus und kann nicht im Egoismus leben, sondern er muß aus dem Hinblick auf die Gesamtheit entstehen.“*[67]

Und weiter an das Bildungswesen adressiert:

> *„Es muß jeder einzelne Mensch dahin gebracht werden, dieses soziale Denken zu entfalten.“*[68]

Damit wechselt der Blick von dem Verhältnis von Arbeit bzw. Beruf und Gesellschaft zum Verhältnis des Individuums zu seinem Beruf. Steiners Ausgangspunkt ist dabei die Einsicht, dass die wachsende Entfremdung der Arbeit nicht mehr aufhaltbar ist. Er führt bereits 1908 aus:

> *„Ein Mensch, der ein kleines Glied in der Fabrik verarbeitet in der heutigen Art und Weise, wird nimmer hier die Hingabe haben können für das Produkt, das den früheren Handwerker kennzeichnete; das ist unwiederbringlich dahin.“*[69]

Jahre später diagnostiziert Steiner nüchtern und weitblickend:

> *„Die weitere Entwicklung des Berufslebens wird darin bestehen – … –, daß die Berufe sich immer mehr und mehr differenzieren, immer mehr und mehr spezialisieren. Es ist heute gar wenig gescheit, wenn manchmal in kritisierender Weise davon gesprochen wird, daß sich im Laufe der neueren Zeit die Berufe spezialisiert haben, während vor vielleicht gar nicht einer so großen Anzahl von Jahrhunderten der Mensch noch überschauen konnte in seinem Beruf den Zusammenhang desjenigen, was er verfertigte, mit dem, was es für die Welt bedeutete und ein Interesse daran haben konnte, seine Produkte in einer bestimmten Weise zu formen und zu gestalten, weil er unmittelbar eine Anschauung hatte von dem, was seine Produkte im Menschenleben wurden. Während das in früheren Zeiten der Fall war, ist es heute für einen großen Teil der Menschheit nicht mehr der Fall. … Dasjenige, was in den einzelnen Zweigen menschlicher Betätigung heute schon in hohem Maße sich vollzogen hat, wird sich immer mehr und mehr vollziehen. Es wird immer mehr und mehr Spezialisierung, Differenzierung des Berufslebens eintreten müssen.“*[70]

---

67 A.a.O. S. 248.
68 A.a.O. S. 249.
69 A.a.O. S. 245.
70 Steiner 1991a S. 83f.

Steiner hebt also hervor: Während frühere Formen des Berufs, wie etwa die Handwerksberufe, einen „ganzheitlichen“ Zuschnitt gehabt haben, so zeichnet sich als Perspektive der modernen Berufswelt eine hochgradige Differenzierung und Spezialisierung ab. Sie setzt eine ebenso hohe Spezialisierungsfähigkeit des Menschen voraus.

Der zweite Gesichtspunkt ist die zunehmende Undurchschaubarkeit des Zusammenhangs der Einzeltätigkeit mit dem sozialen Ganzen, die sich in der ebenfalls zunehmenden Distanz bzw. Entfremdung zum hergestellten Produkt dokumentiert.

Dies führt nach Steiner drittens dazu, „daß sich das Berufsleben in einer gewissen Weise von dem menschlichen Interesse loslösen“ wird.

Die berufliche Tätigkeit und ihre Ergebnisse werden dadurch andererseits objektiver. Das Subjekt wird genötigt, sich aus dem Tätigkeitszusammenhang innerlich herauszulösen. Dies ist gleichsam die Innenseite der Arbeitsteilung: Mit der Ablösung der Selbstversorgung durch die Fremdversorgung verliert der Beruf seine Funktion für die Selbstverwirklichung und wird Fremdverwirklichung. Und dies – ebenfalls als Auftrag an das Bildungswesen adressiert – muss gelernt werden, um einen Beruf zu ergreifen. Steiner prognostiziert 1916, es:

> *„.... wird das Leben der Menschen so kompliziert werden in nicht so ferner Zeit, daß das Wort „Beruf“ eine ganz andere Bedeutung annehmen wird. Heute stellt man sich noch vielfach bei dem Beruf etwas Innerliches vor, obwohl der Beruf bei den meisten Menschen keineswegs sich als etwas Innerliches darstellt. Heute stellt man sich vor: Beruf – wozu der Mensch durch seine inneren Qualitäten berufen ist. Würde man einmal objektiv prüfen, besonders in unseren Städten, wie viele Menschen antworten würden: ich bin in meinem Beruf deshalb drin, weil ich einsehe, daß dies der einzige Beruf ist, der meinen Anlagen, meinen Neigungen von Kindheit auf entspricht -, ... so würde man wohl in den wenigsten Fällen eine Antwort bekommen dahingehend, daß die Leute sagen würden, sie seien just in dem Beruf drin, der ihren Neigungen und Anlagen, wie sie sie selber empfunden haben, von Jugend auf entspricht. .... Beruf ist schon heute in hohem Grade und wird immer mehr und mehr werden das, zu dem man berufen wird durch den objektiven Werdegang der Welt. Draußen ist, möchte ich sagen, der Organismus, der Zusammenhang – meinetwegen nennen Sie es auch die Maschine, auf das kommt es nicht an -, das, was den Menschen abfordert, was den Menschen ruft. Gerade durch alles das, was immer mehr und mehr Steigerung erfahren wird, löst sich aber zu gleicher Zeit dasjenige, was die Menschheit durch die Berufstätigkeit vollbringt, von dem Menschen selber ab, wird objektiver.“*[71]

71 A.a.O. S. 87.

Als „neue Qualitäten“, die durch die moderne Berufsentwicklung gefördert werden, sieht also Steiner eine allgemeine Spezialisierungsfähigkeit und das altruistische Arbeitsethos der Fremdverwirklichung.

Die Erbauungsfunktion[72] des Berufs im historischen Sinne einer „Berufung“ für den Beruf ist nach Steiner unwiderruflich dahin. Die Entwicklung eines modernen Berufsethos, im Sinne eines Verständnisses von Arbeit als Arbeit für andere und mit anderen, bleibt eine wesentliche berufspädagogische Aufgabe, die allerdings im Zusammenhang mit gesellschaftlichen und organisatorischen Rahmenbedingungen zu sehen ist.

Diese neuen Aufgaben thematisiert Steiner insbesondere im Zusammenhang mit den sozialen Gefahren der auf Arbeitsteilung und Spezialisierung beruhenden Strukturen. So können der Tendenz nach die modernen Technologien zu sich verschärfenden sozialen Folgen führen, wie z. B. seelische Isolation und Kommunikationsschwierigkeiten etc. Steiner formuliert dies bereits 1916 sehr scharf und drastisch:

> *„Zur Auflösung aller Menschheitsbande würde der rein äußerliche Fortschritt in der Berufsentwicklung führen. Dahin würde er führen, daß die Menschen sich immer weniger und weniger verstehen würden, immer weniger und weniger Beziehungen entsprechend den Voraussetzungen der Menschennatur entwickeln könnten. Die Menschen würden immer mehr und mehr aneinander vorbeigehen, könnten nichts anderes mehr suchen als ihre Vorteile, könnten in keiner anderen Beziehung zueinanderkommen als in der Beziehung der Konkurrenz“.*[73]

Die „Herauslösung“ der inneren Anteilnahme des Menschen an seiner Arbeit kann also zu einer entsprechenden sozialen Sinnleere führen. Zu dieser sozialen Sinnleere, der Entfremdung der Arbeit und der verlorenen Ganzheit früherer Zeiten muss daher ein entsprechender Gegenpol geschaffen werden, der sich nicht per se aus den Arbeitsprozessen ergibt:

> *„Denn die Welt wird einmal immer mehr und mehr von den Menschen fordern, daß sie im Speziellen Tüchtiges leisten, daß sie sich spezialisieren können. Die Frage wird nur immer mehr und mehr sein: Was muß außerdem geschehen, daß sich die Menschen spezialisieren?“*[74]

Ausdrücklich thematisiert Steiner dies drei Jahre vor der Begründung der ersten Waldorfschule als eine pädagogische Aufgabe:

> *„Daß sie sich spezialisieren werden, dafür wird schon die Notwendigkeit der Weltentwicklung sorgen. Was aber muß außerdem geschehen? Die Frage wird*

72 Es ist interessant Steiners Berufsverständnis mit den klassischen Kategorien und Merkmalen von Berufsbegriffen zu vergleichen, die z. B. Lipsmeier (Lipsmeier 1978) aufgestellt hat. Vgl. hierzu auch Gabriel 1995 S. 356ff.

73 Steiner 1980a, S. 94.

74 Steiner 1991a, S. 84.

in gar nicht so ferner Zukunft eine der allerwichtigsten, gestatten Sie den Ausdruck, Familienfragen werden für die Menschheit. Familienfrage, denn ein Verständnis dieser Frage wird haben müssen, wenn man Kinder erziehen will. Sich vernünftig hineinzustellen in den ganzen Gang der menschlichen Entwicklung dann, wenn die Frage auftaucht: Wie stelle ich mein Kind in diese menschliche Entwicklung hinein? – das wird ganz und gar von dem Verständnis für diese Frage abhängen.“[75]

Die Wiedererlangung der Erfahrung „des Ganzen“ muss aus dem Prozess der sozialen Zusammenarbeit erfolgen. Voraussetzung hierfür ist – dies wiederum an das Bildungswesen adressiert – die Entwicklung und Ausbildung von sozialem Interesse bzw. Sozialkompetenz:

„Daher muß … die Einsicht in die menschlichen Herzen kommen, daß in demselben Maße, als die Berufe den Menschen vermechanisieren, nach und nach immer mehr gerade für die sich spezialisierenden und mechanisierenden Menschen der Gegenpol intensiver und intensiver tätig werde, der darin besteht, daß der Mensch seine Seele anfülle mit demjenigen, was ihn nahebringt jeder anderen Menschenseele, gleichgültig, wie sie sich spezialisiert hat.“[76]

Zur Herstellung eines gemeinsamen Bewusstseins in Unternehmungen schlägt Steiner zum Beispiel kontinuierliche Konferenzen von Arbeitgebern und Arbeitnehmern vor, die eine gemeinsame Reflexionsentwicklung einer Unternehmenskultur ermöglichen sollen:

„Besprechungen, die zum Arbeitsbetrieb gerechnet werden müssen, wie die Arbeit selbst, sollen regelmäßig von dem Unternehmen veranstaltet werden mit dem Zweck der Entwicklung eines gemeinsamen Vorstellungskreises, der Arbeitnehmer und Arbeitgeber umschließt.“[77]

Der Ganzheitlichkeitsaspekt der beruflichen Arbeit ist für Steiner hingegen unwiederbringlich dahin. Durch die fortschreitende, arbeitsteilige Differenzierung des Wirtschaftssystems wird eine immer höhere Spezialisierungsfähigkeit gefordert. Die verloren gegangene „Ganzheitlichkeit“ muss durch pädagogische und organisatorische Maßnahmen auf einer anderen Ebene ersetzt bzw. wiederhergestellt werden, so etwa durch Partizipation der Tätigen an der Unternehmung.

Für das Bildungswesen und seine Waldorfschule fordert er bei Begründung der ersten Waldorfschule die Entwicklung einer neuen „allgemeinen sozialen Bildung“, die durch Formen der Integration von allgemeiner und beruflicher Bildung das gegenseitige Verständnis und das soziale Miteinander der verschiedenen Berufsgruppen fördern soll.

---

75 A.a.O. S. 84f.

76 Steiner 1991a, S. 95.

77 Steiner 1976, S.78.

3.5.5 Lebenslanges Lernen

Aus dem Kontext von Steiners sozialwissenschaftlicher Darstellung und Analysen geht auch hervor, dass der Kontinuitätsaspekt für ihn kein wesentliches Merkmal eines modernen Berufsbegriffes ist. In einer „lernenden Gesellschaft" sind vielmehr ein Wechsel der Tätigkeiten eine kontinuierliche Weiterqualifizierung gefragt, die im Hinblick auf die jeweilige biografische Situation und die gesellschaftlichen Anforderungen zu konkretisieren ist:

> *„Dasjenige, worauf es ankommt, das ist, daß wir eine Pädagogik finden, wo gelernt wird zu lernen, zu lernen sein ganzes Leben hindurch vom Leben."*[78]

Zusammenfassung: Perspektiven des Berufs.

Aus den aufgezeigten Perspektiven des Berufs in einer arbeitsteiligen Gesellschaft ergeben sich Herausforderungen an ein Bildungswesen, das zur Lösung sozialer Aufgaben in dieser Gesellschaft beitragen will. Als humane und bildungspolitische Leitideen fordert Steiner hier:

- die Entwicklung einer allgemeinen sozialen Bildung (Einheitsschule),
- eine anschließende Förderung der beruflichen Spezialisierungsfähigkeit in Verbindung mit Formen der Integration von allgemeiner und beruflicher Bildung,
- die Förderung von sozialen Fähigkeiten (Sozialkompetenz) in Verbindung mit neuen Formen der Arbeitsorganisation (Arbeit für und mit Anderen),
- die Entwicklung eines altruistischen Berufsethos verbunden mit einer Trennung von Arbeit und Einkommen,
- die Befähigung zum lebenslangen Weiterlernen mit der Entwicklung einer gesellschaftlichen Handlungskompetenz.

In seinen Ausführungen zeigt sich nicht nur, wie stark sein anthropologisches Fundament seine sozialwissenschaftlichen Ideen bestimmt. Hieraus wird seine grundsätzliche Auffassung über die gesellschaftliche Funktion des Bildungswesens ableitbar: Das Bildungswesen soll das innovatorische Potential der heranwachsenden Generationen in den bestehenden sozialen Organismus integrieren.

3.6 Die berufsbildende Waldorfschule als rollende Reform

Die berufsbildende Waldorfschule steht im Kontext von grundlegenden sozialen Problemen um das Verhältnis von Bildung, Arbeit und Beruf. Ihr ganzheitliches Bildungsverständnis steht im Zusammenhang mit gesellschaftspolitischen Reformideen, die im Folgenden weiter verdeutlicht werden, denn

---

78 Steiner 1980b S. 49f.

die aufgeworfenen Fragestellungen sind grundlegend und aktuell. Auch das innere Selbstverständnis und die innovatorische Zielrichtung der Waldorfpädagogik lassen sich dadurch aufzeigen. Die Integration von beruflicher und allgemeiner Bildung wird dabei aus einem dynamischen Bildungsbegriff heraus verstanden, der sich im Spannungsfeld von gesellschaftlichen Entwicklungen einerseits und den Bedürfnissen und Impulsen der sich entwickelnden Kinder und Jugendlichen andererseits konstituiert, die sich in dieser Gesellschaft orientieren und darin ihren Lebens- und beruflichen Wirkungsort finden wollen. Da sich sowohl Kindheit und Jugend wie auch eine Gesellschaft in ständigen Veränderungen befinden, muss sich Schule in diesem Kontext immer wieder neu aktualisieren. Gerade die berufsbildende Waldorfschule, die ihren Lehrplan vom praktischen Lernen in der Unterstufe bis zur sich anschließenden beruflichen Qualifizierung an den altersgemäßen Entwicklungsbedingungen der Kinder und Jugendlichen orientiert, muss diesen immer wieder erneut im Hinblick auf gesellschaftliche Herausforderungen und wirtschaftlichen Interessenslagen neu gestalten.

Eine pädagogisch konzipierte Integration von allgemeiner und beruflicher Bildung zu einer „neuen Allgemeinbildung“ auf der Basis eines an Selbstständigkeit und Mündigkeit orientierten Menschenbildes bedingt daher eine kontinuierliche Reformbereitschaft der schulischen Organisation bezüglich ihrer Bildungsgänge. Will sie ihre Modernität gewährleisten, kann sich die berufsbildende Waldorfschule nur als eine permanent rollende Reform von innen heraus aktualisieren.

Doch auch nach außen kann sie dadurch immer wieder bildungspolitische Reformanstöße geben. So resümiert Heiner Ullrich am Ende seiner kritischen Einführung in die Waldorfpädagogik, dass:

> *„… neue inklusive und interkultureller Waldorfschulen sowie unkonventionelle Verbindungen von allgemeinem und praktisch-berufsorientierten lernen – unabhängig von ihrem anthroposophischen Motiven – unbürokratische Vorbilder darstellen auch für ähnliche bürgerschaftliche Initiativen im Bildungsbereich und im sozialpädagogischen Feld. Für die Realisierung einer sensibleren humanistischen Erziehung und Bildung in der demokratischen Gesellschaft wird die Waldorfpädagogik in dem Maße bedeutsamer, wie es ihr gelingt, ihre Ideen und Praxen vor der an Bildungsfragen interessierten Öffentlichkeit wissenschaftlich anschlussfähig zu begründen.“*[79]

Gerade die Hiberniaschule, die in ihrer Entwicklung in größerem Umfang auf die gesellschaftlichen Reformgedanken Rudolf Steiners, des Gründers der ersten Waldorfschule, zurückgegriffen hat, verdeutlicht: „… die Spannweite

---

79 Ullrich 2015 S. 174.

von Entwicklung, die auf der Grundlage der Erkenntniswissenschaft, Anthropologie und Pädagogik Rudolf Steiners möglich sind".[80]

Wie eingangs dargestellt, steht die vorliegende Arbeit auch im Zusammenhang mit dem Bildungskongress zur Bildungsidee der Waldorfschule, welcher 2018 in der Hiberniaschule in Herne stattfand. Die dort verabschiedete „Herner Erklärung" stellte nicht nur eine Zusammenfassung der auf dem Kongress gestellten Forderungen an das Bildungswesen dar, ist auch Ausgangspunkt eines Modellprojekts zur berufsbildenden Waldorfschule, dass eine Reihe von Initiativen zu diesem Thema fördert und bündelt. Es ist ein gemeinsames Projekt des Bundes der Freien Waldorfschulen und der Forschungsstelle für Arbeitspädagogik/berufliche Bildung an der Alanus Hochschule, Alfter.

Die Herner Erklärung, das Konzept des Modellprojektes und seine bisherigen Aktivitäten, sowie das Idealbild einer möglichen Waldorfschule, die allgemeine und berufliche Bildung integriert, sind hier im Anhang beigefügt. Sie dokumentieren die innovative Kraft, die auch nach über 100 Jahren immer noch vom Ursprungsimpuls der Waldorfpädagogik ausgeht.

Für die beteiligten Initiativschulen kristallisiert sich das Zukunftsbild einer modernen Schule heraus, die ihren Schülerinnen und Schülern nach dem Prinzip der gesicherten Plattform allgemeinbildende und berufliche Abschlüsse vermittelt. Damit bewegen sich diese Schulen auch in Richtung eines neuen Typs von Bildungsstätte: Mit der Schule im Mittelpunkt kooperieren hier, je nach regionalen Möglichkeiten und Gegebenheiten, mehrere Betriebe, die auf der Basis einer ganzheitlichen und breiten schulischen Grundqualifikation koordiniert mit schulischen Abschlüssen auch und parallel berufliche Abschlüsse ermöglichen. Verstanden als mehrfachqualifizierende neue Allgemeinbildung, werden so Kompetenzen veranlagt, wie Methoden und Ansätze vermittelt, mit denen die Schülerinnen und Schüler den künftigen Herausforderungen unserer Gesellschaft adäquat begegnen und sie verantwortungsbewusst gestalten können.

3.7 Die Zukunft von Arbeit und Beruf: Der Modellversuch der Hiberniaschule

Vor über 40 Jahren, von 1977–1982, wurde von der Hiberniaschule ein BLK-Modellversuch zur Integration beruflicher und allgemeiner Bildung durchgeführt. Er vermittelte den Schülern einen staatlich anerkannten Berufsabschluss, integriert mit der Fachoberschulreife und einer breiten künstlerisch-kreativen Bildung. Dieser pädagogische Impuls einer ganzheitlichen beruflichen Allgemeinbildung ist von unverminderter Aktualität. Wie bereits dargestellt, zerfällt unser Schul- und Bildungswesen nach wie vor in ein gymnasiales

80 Rist und Schneider 1990 S. 110.

und ein berufsbezogenes Bildungssystem. Das berufsbezogene Bildungssystem befindet sich schon seit längerer Zeit in einer tiefen Krise: „Akademisierungswahn“ ist dafür ein Symptom und verweist auf tiefer liegenden Ursachen, denen im Vorhergehenden nachgespürt wurde. Verschärft wird dies durch die sich beschleunigende Entwicklung hin zu einer digitalisierten Arbeitswelt. Es bedarf bewährter und attraktiver Konzepte, um den beruflichen Bildungsweg zu modernisieren und zu einer echten Alternative weiterzuentwickeln.

Und dies betrifft im Kern die Art und Weise, wie wir zukünftig Lernen und Arbeiten in eine sich gegenseitig fördernde Beziehung bringen. Neben demografischer Entwicklung und wirtschaftlicher Globalisierung ist unsere Gesellschaft besonders durch die Dynamik der Technik, durch Digitalisierung und künstliche Intelligenz bestimmt die zu einer epochalen Veränderungen von Arbeit und Beruf führen wird. Und wir stehen hier erst am Anfang! Gegenüber diesen Aufgaben ist das (berufliche) Bildungssystem in seinem Lehrplan, seiner Organisation und seinem Selbstverständnis weit zurückgeblieben. Wir brauchen eine Bildungsidee, die gerade diese Prozesse aufgreift und durch eine neue berufliche Allgemeinbildung in eine technische Kultur überformt, die angemessene organisationale Bedingungen und eine neue soziale Ordnung benötigt.

Idee und Konzept des damaligen Modellversuches einer neuen und allgemeinbildenden Berufsausbildung wurde inzwischen von der Hiberniaschule weiter aktualisiert und konkretisiert, sowie empirisch und kommunikativ validiert. Die neue Qualität der beruflichen Bildung beruht auf einer kontinuierlichen didaktischen Koordination der Lernorte und Lerninhalte; der kooperativen und systematischen Zusammenarbeit von Lehrern, Ausbildern, Meistern; der Kreativitätsförderung durch entdeckendes Lernen; durch den konkreten sozialen Bezug der jeweiligen Arbeit und Projekte, in dem nur brauchbare und notwendige Produkte hergestellt werden; der Vermittlung betriebswirtschaftlicher Kenntnisse (Rechnungswesen, Kundenorientierung, Marketing), dem Erwerb von fachlicher Sprachkompetenz durch das Berichtswesen – integriert mit dem allgemeinbildenden Fächerkanon (Deutsch, Geschichte, Mathematik, Naturwissenschaften etc.), der Fremdsprache(n) und der Bildung durch Sprache, Kunst, Musik und Theaterprojekte. Durch diesen ganzheitlichen Ansatz ergibt sich die neue Qualität der beruflichen Bildung als Befähigung zur kontinuierlichen Selbstweiterbildung, Selbstqualifizierung und Selbstorganisation (Prinzip KOKOSS) – sowohl als Einzelner wie auch als Team. Ziel ist eine personale Erziehung, die es dem Heranwachsenden ermöglicht, sich in seinem Eigenwesen zu entfalten und zu stabilisieren, ehe er in die Bedingungen und die Magie der technischen Welt (Smartphone, Digitalisierung, künstliche Intelligenz) und der beruflichen und technisch bestimmten Arbeit gestellt wird. Es geht darum, nicht zum goetheschen „Zauberlehrling“ gegenüber einer „lernenden“ Maschinenwelt zu werden, die sich durch Digitalisierung und künstliche Intelligenz selbst steuert. Hier ist zuerst der Mensch gefordert, die schöpferische Produktivität seiner eigenen Intelligenz und seines eigenen Handelns zu denken und zu entwickeln, um dann selbstständig mit den von ihm geschaffenen Maschinen, mit der von ihm geschaffenen „künstlichen" Intelligenz umzugehen und sie in den Dienst des Menschen und seiner Umwelt zu stellen.

Mit dieser Zielsetzung beginnt die **Berufsausbildung** in der Hiberniaschule als ein übergreifender, altersgerecht und **stufenförmig** aufgebauter praktischer Bildungsweg, immer, wie darstellt, in Korrespondenz mit künstlerisch-kreativen und allgemeinen Lernangeboten. Er fängt bereits im **Vorschulalter** an, mit einer altersgemäß und anthropologisch ausgerichteten praktischen Erziehung im Kindergarten (backen, Kochen) und eben nicht einer intellektuellen Frühförderung, setzt sich fort in einer **praktischen Allgemeinbildung** in den Klassen 1–6; einer allgemeinen **Arbeitslehre** in den Klassen 7–8, in der das Arbeiten gelernt wird wie in einer Lehre, ohne auf einen Beruf spezialisiert zu sein, bis hin zu einer **grundberuflichen Stufe** in den Klassen 9 und 10, in der zugleich die Entscheidungsgrundlage für die (exemplarische) zweijährige Berufsausbildung in einem **Fachberuf** geschaffen wird, sie endet mit einem staatlich anerkannten Berufsabschluss. Auf diesem Weg hat der junge Mensch **exemplarisch** gelernt, sich für eine berufliche Arbeit zu spezialisieren. Und er hat damit zugleich neue Sichtweisen, Denkformen und Handlungsmöglichkeiten kennengelernt, als Transfer für Berufe, die wir jetzt noch nicht kennen. Auf diesen Bahnen wird ein schöpferisches und zugleich (!) wirklichkeitsgemäßes Denken und Handeln veranlagt, die Verbindung von Tatsachenlogik und Gedankenlogik. Integriert mit dem Berufsabschluss wird der mittlere Bildungsabschluss (Fachoberschulreife) und damit eine „Doppelqualifikation", erworben, ein Alleinstellungsmerkmal ist darüber hinaus die breite künstlerisch-kreative Bildung. Die Absolventen haben damit gelernt, sich in konkrete gesellschaftliche und berufliche Anforderungen einzubringen und diese mit Augenmaß und sozial verträglich weiterzuentwickeln – die jahrzehntelangen Erfahrungen der Hiberniaschule hierzu sind empirisch validiert und veröffentlicht (Jürgen Peters).

Dieser ganzheitliche und handlungsorientierte Ansatz eines Bildungsganges durch Arbeit ist besonders geeignet, auch Zuwanderer aus anderen Kulturkreisen individuell und gesellschaftlich so zu schulen und zu bilden, dass sie sich durch Arbeit in die Gesellschaft integrieren können. Diese kulturübergreifende Dimension wird nicht zuletzt durch die Internationalität der Waldorfschule (über 1000 Schulen in allen Kulturkreisen) bestätigt und ebenso durch die Erfahrungen der Hiberniaschule mit internationalen Projekten.

Die Entwicklung der Hiberniaschule ist darüber hinaus ein Beispiel, welches Engagement Lehrer, Ausbilder, Schüler und Eltern, aber auch Betriebe und zivilgesellschaftliche Einrichtungen aufzubringen in der Lage sind und schärft den Blick auch für die dafür notwendigen Voraussetzungen.

Die vorliegenden Erkenntnisse und Erfahrungen sollen, im Rahmen eines Modellversuches, empirisch aufgearbeitet werden und in den wissenschaftlichen, pädagogischen und gesellschaftlichen Dialog gebracht und, auch international, wirksam werden.

Literaturverzeichnis

Aristoteles (1966): Metaphysik. Unter Mitarbeit von Hermann Bonitz und Héctor Carvallo. [1. – 13. Tsd.]. Reinbek b. Hamburg: Rowohlt.

Edding, Friedrich (Hg.) (1985): Praktisches Lernen in der Hibernia-Pädagogik. Eine Rudolf-Steiner-Schule entwickelt eine neue Allgemeinbildung. Stuttgart: Klett-Cotta.

Elternstudie 2019 – Bund der Freien Waldorfschulen. Online verfügbar unter https://www.waldorfschule.de/elternstudie/#main-content, zuletzt geprüft am 16.10.2019.

Enderle, Inga; Schneider, Peter (2012): Das Waldorf-Berufskolleg. Entwicklung und Ergebnisse einer neuen Oberstufengestaltung der Waldorfschule. Frankfurt am Main: Peter Lang.

Fuchtmann, Engelbert (1977): Technische Bildung an den allgemeinbildenden Schulen. München, Univ., 11 – Fachbereich Psychologie u. Pädagogik, Diss., 1977.

Gabriel, Wilfried (1995): Personale Pädagogik in der Informationsgesellschaft. Zugl.: Paderborn, Univ., Diss., 1994. Lang, Frankfurt am Main, Berlin, Bern, New York, Paris, Wien.

Harari, Yuval Noaḥ (2017): Homo deus. Eine Geschichte von Morgen. [1. Auflage]. München: C.H. Beck.

Heusser, Peter; Weinzirl, Johannes (Hg.) (2014): Rudolf Steiner. Seine Bedeutung für Wissenschaft und Leben heute. Stuttgart: Schattauer.

Jonas, Hans (1990): Technik, Medizin und Ethik. Zur Praxis des Prinzips Verantwortung. 3. Aufl. Frankfurt am Main: Insel-Verl.

Jonas, Hans (1995): Das Prinzip Verantwortung. Versuch einer Ethik für die technologische Zivilisation. [12. Aufl.]. Frankfurt (Main): Suhrkamp (Suhrkamp Taschenbuch, 1085).

Klemm, Friedrich (1983): Geschichte der Technik. D. Mensch u. seine Erfindungen im Bereich d. Abendlandes. Reinbek bei Hamburg: Rowohlt.

Lipsmeier, Antonius (1978): Didaktik der Berufsausbildung. Analyse u. Kritik didakt. Strukturen d. schul. u. betriebl. Berufsausbildung. München: Juventa Verlag.

Nida-Rümelin, Julian; Prenzel, Manfred; Zierer, Klaus (2018): Entrümpelt die Lehrpläne! Online verfügbar unter https://www.spiegel.de/lebenundlernen/schule/schulen-in-deutschland-experten-fordern-entruempelung-der-lehrplaene-a-1215768.html.

Radtke, Rainer (2020): Themenseite: Depression und Burn-out-Syndrom. Online verfügbar unter https://de.statista.com/themen/161/burnout-syndrom/, zuletzt aktualisiert am 04.02.2020, zuletzt geprüft am 04.02.2020.

Richter, Tobias (Hg.) (2016): Pädagogischer Auftrag und Unterrichtsziele – vom Lehrplan der Waldorfschule. 4., erweiterte und aktualisierte Auflage. Stuttgart: Verlag Freies Geistesleben (Menschenkunde und Erziehung, 69).

Rist, Georg; Schneider, Peter (1990): Die Hiberniaschule. Von der Lehrwerkstatt zur Gesamtschule: Eine Waldorfschule integriert berufliches und allgemeines Lernen. 1. Aufl. Berlin: Volk u. Wissen.

Röhrs, Hermann (Hg.) (1986): Die Schulen der Reformpädagogik heute. Handbuch reformpädagogischer Schulideen und Schulwirklichkeit. 1. Aufl. Düsseldorf: Schwann (Schwann-Handbuch).

Ropohl, Günter (2009): Allgemeine Technologie: eine Systemtheorie der Technik. Karlsruhe: KIT Scientific Publishing.

Rosa, Hartmut (2020): Unverfügbarkeit. 1. Auflage. Berlin: Suhrkamp (Suhrkamp Taschenbuch, 5100).

Sachsse, Hans (1978): Anthropologie der Technik. E. Beitr. zur Stellung d. Menschen in d. Welt. Braunschweig: Vieweg.

Schieren, Jost (Hg.) (2016): Handbuch Waldorfpädagogik und Erziehungswissenschaft. Standortbestimmung und Entwicklungsperspektiven. Juventa Verlag. 1. Auflage. Weinheim: Beltz Juventa.

Schmelzer, Albert (1991): Die Dreigliederungsbewegung 1919. Rudolf Steiners Einsatz für den Selbstverwaltungsimpuls. Zugl.: Bochum, Univ., Diss. Stuttgart.

Schneider, Peter (1987): Einführung in die Waldorfpädagogik. 3. Aufl. Stuttgart: Klett-Cotta (Konzepte der Humanwissenschaften).

Steiner, Rudolf (1972): Zur Dreigliederung des sozialen Organismus. Gesammelte Aufsätze 1919–1921. Stuttgart: Verlag Freies Geistesleben (10).

Steiner, Rudolf (1976): (GA 23) Die Kernpunkte der sozialen Frage in den Lebensnotwendigkeiten der Gegenwart und Zukunft. 6. Aufl., 96. – 98. Tsd., (unveränd. Nachdr. d. 5. Aufl.). Dornach/Schweiz: Rudolf-Steiner-Verlag (Gesamtausgabe, 23).

Steiner, Rudolf (1979): (GA 12) Die Stufen der höheren Erkenntnis. 6. Aufl. Dornach/Schweiz: Rudolf-Steiner-Verlag (Gesamtausgabe, 12).

Steiner, Rudolf (1980a): (GA 189) Die soziale Frage als Bewusstseinsfrage. Acht Vorträge, gehalten in Dornach zwischen dem 15. Februar und 16. März 1919. 3., neu durchges. Aufl. Dornach: Rudolf-Steiner-Verl. (Gesamtausgabe, 189).

Steiner, Rudolf (1980b): Neuorientierung des Erziehungswesens im Sinne eines freien Geisteslebens. 3 Vorträge über Volkspädagogik. 4. Aufl. d. Einzelausg. Dornach: Rudolf Steiner Verl.

Steiner, Rudolf (1985): (GA 56) Die Erkenntnis der Seele und des Geistes. 2. Aufl., (fotomechan. Nachdr.). Dornach/Schweiz: Rudolf-Steiner-Verlag (Gesamtausgabe, 56).

Steiner, Rudolf (1987a): (GA 34) Lucifer-Gnosis. 1903–1908; grundlegende Aufsätze zur Anthroposophie u. Berichte; aus d. Zeitschr. „Luzifer" u. „Lucifer-Gnosis". 2., neu durchges. Aufl. Dornach/Schweiz: Rudolf-Steiner-Verl. (Gesamtausgabe, 34).

Steiner, Rudolf (1987b): (GA 4) Die Philosophie der Freiheit. Grundzüge einer modernen Weltanschauung; Seelische Beobachtungsresultate nach naturwissenschaftlicher Methode. 15. Aufl. Dornach: Rudolf-Steiner-Verl. (Gesamtausgabe, 4).

Steiner, Rudolf (1991a): (GA 172) Das Karma des Berufes des Menschen in Anknüpfung an Goethes Leben. Zehn Vorträge, gehalten in Dornach vom 4. bis 27. November 1916. 5. Aufl. Dornach/Schweiz: Rudolf-Steiner-Verl. (Gesamtausgabe, 172).

Steiner, Rudolf (1991b): (GA 305) Die geistig-seelischen Grundkräfte der Erziehungskunst. 3. Aufl. Dornach/Schweiz: Rudolf-Steiner-Verl. (Gesamtausgabe, 305).

Steiner, Rudolf (1992): (GA 293) Allgemeine Menschenkunde als Grundlage der Pädagogik. Vierzehn Vorträge, gehalten in Stuttgart vom 21. August bis 5. August 1919. 9. Aufl., neu durchges. und erg. Dornach/Schweiz: Rudolf-Steiner-Verl. (Gesamtausgabe, 293).

Steiner, Rudolf (2003): Die Erziehung des Kindes. 1. Aufl. Dornach: Rudolf-Steiner-Verl.

Steiner, Rudolf (2013): (GA 9) Theosophie. Einführung in übersinnliche Welterkenntnis und Menschenbestimmung. 33. Aufl. Basel: Rudolf-Steiner-Verl. (Gesamtausgabe, 9).

Tenorth, Heinz-Elmar (1988): Geschichte der Erziehung. Einf. in d. Grundzüge ihrer neuzeitl. Entwicklung. Weinheim, München: Juventa Verlag.

Ullrich, Heiner (2015): Waldorfpädagogik. Eine kritische Einführung. Weinheim und Basel: Beltz.

Werner, Götz W. (2018): Einkommen für alle. Bedingungsloses Grundeinkommen – die Zeit ist reif. Köln: Kiepenheuer & Witsch.

Wiesmüller, Christian (2006): Schule und Technik. Zugl.: Karlsruhe, Pädag. Hochsch., Habil.-Schr. Schneider-Verl. Hohengehren, Baltmannsweiler.

Witzenmann, Herbert (1983): Strukturphänomenologie. Vorbewusstes Gestaltbilden im erkennenden Wirklichkeitenthüllen; e. neues wissenschaftstheoret. Konzept im Anschluss an d. Erkenntniswiss. Rudolf Steiners. 1. Aufl. Dornach (Schweiz): Gideon-Spicker-Verlag (Zeitbetrachtungen und Bewusstseinsfragen, Bd. 5).

Anhänge

Dokument I Herner Erklärung

Bund der Freien Waldorfschulen

Bildungskongress Herne 18.1–20.1.2018

Herner Erklärung

Das deutsche Bildungswesen steht vor enormen Problemen: Es geht um mangelnde Bildungsgerechtigkeit, zunehmenden Akademisierungswahn, fehlende Anerkennung des praktisch-beruflichen Lernens, Inklusion als Sparmodell, Segregation statt Integration und den Digitalisierungshype in den Schulen.

Der Bildungskongress an der Hiberniaschule in Herne machte beispielhaft deutlich, wie Integration von beruflicher und allgemeiner Bildung gelingen kann und welche innovative Kraft in einem dualen Bildungskonzept für die aktuelle Bildungsdiskussion und notwendigen Reformprozesse liegt! Die Probleme unseres Bildungssystems – und mithin auch die Gestaltungsaufgaben der Zukunft – fordern einen grundsätzlichen Reformwillen!

Nach Maßgabe der Erkenntnisse des Herner Bildungskongresses bedeutet das insbesondere:

1. Es braucht einen humaneren Bildungsbegriff, der die Spaltung von allgemeiner und beruflicher Bildung überwindet und auf die ganzheitliche Entfaltung aller schöpferischen Begabungspotenziale des Menschen zielt! Das praktische Lernen und der Erwerb von beruflichen Qualifikationen müssen als wesentliche Mittel der Persönlichkeitsentwicklung verstanden und pädagogisch gestaltet werden. Mit künstlerisch-kreativem Tun als vermittelnde Mitte soll sich der Mensch durch die Trias von Theorie, Kunst und Praxis in deren Wechselbezug als gesellschaftlich mündige Persönlichkeit und zur Freiheit berufenes Wesen entfalten.
2. Ein solches Bildungskonzept muss bildungsorganisatorisch durch vielseitigere und flexiblere Bildungsgänge umgesetzt werden. Ganzheitliches Lernen mit Kopf, Herz und Hand muss durch moderne Unterrichtsformen – des kognitiven, kreativen und praktischen Lernens – neu gestaltet werden. Die Devise heißt: Differenzieren statt Selektieren! Eine Selektion nach Lernwegen spaltet die Lernbereiche und trennt die Kinder und Jugendlichen voneinander. Durch ein gestuftes, vielseitiges Angebot sollten kognitive und berufliche Qualifikationen parallel erworben werden können. Und dies in einem gemeinsamen sozialen Lernverbund! Im Erlebnis der Arbeit als Arbeit für andere bildet sich durch das berufliche Lernen gesellschaftliches Verantwortungsbewusstsein!

3. Auch das Prüfungs- und Berechtigungswesen muss reformiert werden. Statt vertikaler, paralleler und einseitiger Lernwege, die auf entsprechende Abschlüsse zielen, bedarf es flexiblerer, horizontaler Vernetzungsmöglichkeiten. Qualifikationen, die an einem Lernort erworben werden, müssen an einem anderen Lernort weiterverwendet werden können. Das praktische Lernen muss so anerkannt werden, dass es zu weiteren beruflichen Qualifikationen führt. Entsprechende Module und Bausteine sollen zu anschlussfähigen Lernwegen berechtigen. Dazu gehören auch die Zugänge zu Hochschulen über berufliche Qualifikationen!

Mit diesen Überlegungen stellt sich die Vision eines reformierten Bildungswesens als Baumstruktur dar: ein einheitlicher, breiter Stamm mit vielseitigen Lernangeboten, der sich nach oben immer weiter differenziert. Stehen am Anfang die Entwicklungsbedingungen von Kindern und Jugendlichen im Vordergrund, so gestalten sich die zweigartigen Verschränkungen von allgemeinem und beruflichem Lernen am Ende immer mehr durch die gesellschaftlichen Anforderungen und Spezialisierungen der Arbeitswelt. Jeder kann so in gegenseitiger Anerkennung sein jeweils Eigenes finden. Keiner muss verloren gehen. Und das System muss keine Verlierer produzieren.

Die Veranstalter dieses Bildungskongresses möchten zu einer überregionalen Bildungsinitiative aufrufen! Die Waldorfschulen haben seit Jahren und Jahrzehnten Erfahrung mit einem ganzheitlichen, kognitiven, künstlerischen und praktischen Lernangebot. Einige Waldorfschulen (Herne, Kassel, Nürnberg, Berlin, Waldorf-Berufskollegs in NRW) verfügen ebenso über unterschiedliche Konzepte der Verbindung von beruflichem und allgemeinbildendem Lernen und beschreiten dabei neue Wege.

Die gemachten Erfahrungen können wissenschaftlich aufgearbeitet und in Schulen praktisch weiterentwickelt werden -- als Beitrag der Waldorfschulen zum bildungspolitischen Diskurs unter den aktuellen Fragestellungen.

Unter Mitwirkung von Partnern aus Wirtschaft, Wissenschaft, Kultur und Politik soll dies in einem überregionalen Modellversuch geschehen.

Im Zentrum stehen die Einrichtungen arbeits- und berufspädagogischer Entwicklungswerkstätten, die in Arbeitsgruppen aus Vertretern verschiedener Einrichtungen organisiert den thematischen Aufgabenstellungen nachgehen und die Rahmenbedingungen wie Konkretisierungsmöglichkeiten der skizzierten Reformansätze ausloten sollen.

Als Ziele der Reformansätze fordert die Herner Initiative:

1. Die Entwicklung und Umsetzung eines neuen (trialen) Bildungsverständnisses, welches eine Aufwertung des praktischen und beruflichen Lernens einschließt!

2. Die Schaffung von organisatorischen Rahmenbedingungen, die eine flexible und didaktisch koordinierte Integration von allgemeiner beruflicher Bildung ermöglichen!
3. Mehr Gestaltungsspielräume im Prüfungs- und Berechtigungswesen, die zu einer breiten Palette von doppelqualifizierenden Lernangeboten mit weiterführenden Zugangsberechtigung führen können!

Herne, 20.1.18

Dokument II Modellprojekt: Handeln können – Lernend arbeiten – arbeitend lernen (Kurzfassung/Konzept)

Grundlegung

In den Morgensprüchen Rudolf Steiners und der Freien Waldorfschulen heißt es bis Klasse 4 „*... das ich kann **arbeitsam** und lernbegierig sein ...*". Und in dem Spruch für die oberen Klassen „*..., dass Kraft und Segen mir zum Lernen und zum **Arbeiten** in meinem Innern wachsen*". Diesen Impuls zu pflegen und weiter zu entwickeln im Sinne einer echten Menschheitsentwicklung ist Hintergrund dieses hier vorliegenden Antrags.

Der Impuls der ersten Waldorfschule für eine neue Bildung konnte nur verwirklicht werden, weil sich eine Menschengemeinschaft zusammenfand, für die Begeisterung und Bodenhaftung keine Gegensätze, sondern der Treibstoff ihres Pioniergeistes waren. Ohne Begeisterung kann nichts Neues entstehen und ohne Bodenhaftung bleibt auch die schönste Idee nur ein Traum. Viele Menschen haben seitdem an der Entwicklung dieser Pädagogik mitgewirkt. Eine lebendige Waldorfschule ist ja niemals fertig, sondern immer zugleich Frucht der Arbeit an gemeinsamen Zielen und neue Arbeit an den nächsten Herausforderungen, damit für die Kinder und Jugendlichen eine Umgebung geschaffen werden kann, innerhalb derer sie ihre eigenen Fähigkeiten und Kräfte entdecken und entwickeln können.

Die unglaubliche pädagogische Vielfalt und Fülle, die durch die Aktivitäten um „Waldorf 100" sichtbar wird, zeigt die schöpferische Kraft dieses Impulses, der noch weitere zukünftige Gestaltungsmöglichkeiten in sich birgt. Naturgemäß beruht dies auf dem breit angelegten Ursprung der Waldorfpädagogik (Dreigliederungsbewegung) und ihrem gesellschaftspolitischen Auftrag.

Nur wenige Tage, nachdem Rudolf Steiner 1919 dem zukünftigen Kollegium den dreigliedrigen Kurs der „Allgemeinen Menschenkunde" mit auf den Weg gegeben hatte, sagt er: „... Wir müssen den Mut haben, lernend zu arbeiten, arbeitend zu lernen. Anders kommt der Mensch in die Zukunft und ihre Forderungen nicht hinein." Dass er das ganz konkret für den neu zu begründenden Schulimpuls meinte, wird deutlich, wenn er im weiteren Verlauf nicht nur die praktisch-künstlerischen Anteile des Unterrichtes etabliert, sondern selbstverständlich davon ausgeht, dass es für die älteren Schüler eine praktisch-berufliche Tätigkeit in produzierenden Werkstätten geben müsse. Nur mit großer Enttäuschung kann er zur Kenntnis nehmen, dass die damaligen Verhältnisse dies nicht zulassen.

Heute sind der handlungsorientierte Unterricht der Unterstufe und die praktisch-künstlerischen Anteile nicht nur ein wesentlicher Bestandteil dessen, was die Waldorfpädagogik in der Wahrnehmung von außen ausmacht, sondern in Wirtschaft und Politik wächst die Erkenntnis, dass eine rein akademisch orientierte Bildung nicht nur ganze Bereiche ohne geeignete Schulabgänger lässt, sondern dass das Fehlen praktisch-beruflicher Bildungsanteile auch die Persönlichkeitsbildung des Individuums unvollständig zu lassen droht.

In Anknüpfung und nach Maßgabe des Bildungskongresses in der Hiberniaschule in Herne (18. bis 20.01.2018) ist im Schuljahr (2018/19) eine Bildungsinitiative auf den Weg gebracht worden, die praktisch weiter umgesetzt werden soll.

Ziele im Anschluss an die Herner Erklärung:

Die Entwicklung und Umsetzung eines neuen Bildungsverständnisses, welches eine Aufwertung des praktischen und beruflichen Lernens einschließt! Sie zielt auf die Persönlichkeitsentwicklung und die Entfaltung aller Begabungspotenziale junger Menschen.

Die Schaffung von organisatorischen Rahmenbedingungen, die eine flexible und didaktisch koordinierte Integration von allgemeiner beruflicher Bildung ermöglichen!

Mehr Gestaltungsspielräume im Prüfungs- und Berechtigungswesen, die zu einer breiten Palette von doppelqualifizierenden Lernangeboten mit weiterführenden Zugangsberechtigungen führen können!

Entsprechend erfolgen die strategische Ausrichtung und Umsetzung:

Bildungspolitisch und wissenschaftlich:
Einbringen der Initiative in den aktuellen bildungspolitischen Diskurs durch weitere Publikationen und Präsentationen auf Fachtagungen. Weiterer Ausbau des Netzwerkes.

So ist zum Beispiel für bestimmte Vorhaben eine Zusammenarbeit mit der GAB München vereinbart.

Praktische Umsetzung:
Die Waldorfschulen, die bereits über unterschiedliche Konzepte der Verbindung von beruflichem und allgemeinbildendem Lernen verfügen, haben ihre Mitwirkung an der gemeinsamen Weiterentwicklung der Ansätze erklärt. Die sind insbesondere die Waldorfschulen in Kassel, Nürnberg, Darmstadt, die Hiberniaschule in Herne, die Emil-Molt-Akademie in Berlin und die sechs Waldorf-Berufskollegs in NRW.

Weitere engagierte Schulen wollen je nach eigenem Profil ihre vorhandenen Ansätze des praktischen Lernens modellhaft im Sinne der Bildungsinitiative weiter entwickeln und erhalten entsprechende Hilfestellungen und Unterstützung.

Einige Schulen im Aufbau wollen eigene Konzepte des praktischen Lernens und/oder neue Wege der Integration von allgemeiner und beruflicher Bildung von Anfang an entwickeln und erhalten ebenfalls entsprechende Hilfestellungen Unterstützung.

Ansatz: Pädagogische Entwicklungswerkstätten als Instrument qualitativer Handlungsforschung

Kernstück der Umsetzungsstrategie ist die Einrichtung von arbeits- und berufspädagogischen Entwicklungswerkstätten zur curricularen Konkretisierung und bildungstheoretischen Vertiefung wie zur konsultativen Beratung[1].

Die Entwicklungswerkstätten sind dabei in Arbeitsgruppen aus Vertretern verschiedener Einrichtungen organisiert, die entsprechenden thematischen Aufgabenstellungen nachgehen. Es wird sowohl vor Ort in den Einrichtungen als auch auf regelmäßigen Arbeitstreffen (Thementagen) gearbeitet, wo Ergebnisse miteinander abgeglichen und unter gemeinsamen Fragestellungen weiterentwickelt werden.

Der Prozess wird wissenschaftlich begleitet und koordiniert, inhaltlich stimuliert (qualitative Handlungsforschung) und der Öffentlichkeit zugänglich gemacht (Fachtagungen, Publikationen).

Gemeinsame Aufgabenstellungen und Ebenen der Zusammenarbeit:

Am 16.06. und am 17.11.2018 fanden in Kassel im Rahmen des Modellprojekts die pädagogischen Entwicklungswerkstätten statt. In der letzten Veranstaltung beteiligten sich auch 200 Schülerinnen und Schüler aus den Schulen in Herne, Kassel und Nürnberg, die in einer beruflichen Ausbildung sind. An dem Modellprojekt sind über 80 Personen dauerhaft interessiert, Vertreter von über 30 Waldorfschulen und weiteren Bildungseinrichtungen.

1 Nach dem in Modellversuchen mit dem BIBB erprobten Prinzip KOKOSS.

Auf den Veranstaltungen wurden gemeinsame Frage- und Aufgabenstellungen vereinbart, die auf verschiedenen Ebenen bearbeitet werden:

1) Praktisches Lernen in der Schule/berufliche Grundqualifizierung (5–12. Klasse):
Bestandsaufnahme der vorhandenen Ansätze des praktischen Lernens an den jeweiligen Schulen.
Didaktisch-methodische Lehrplanarbeit und Entwicklung von übertragbaren Unterrichtssequenzen/Bausteinen.
Entwicklung eines je schulspezifischen Abschlussportfolios „praktisch berufliche Grundqualifizierung"; Entwicklung von Qualitätsstandards und Verzahnung mit den anderen Ansätzen zum Waldorf-Portfolio.
Entwicklung von zielgruppenorientierten Angeboten zur Lernbegleitung und Kompetenzfeststellung.
Unterstützung konkreter Initiativschulen im Aufbau, z.B. Neue Waldorfschule Dresden u.a.
Langfristig: Anerkennung von Modulen und Baustein für eine weiterführende Berufsausbildung oder ein Studium; ggf. Anerkennung als 1. Lehrjahr, im Sinne der öffentlichen Anerkennung der praktischen Bildung als Allgemeinbildung.

2) Organisations- und Kooperationsformen mit externen Betrieben:
Bestandsaufnahme bestehender Modelle einschließlich Schülerfirmen
Aufbau eines internen Info-Systems/Datenbank dazu: Steckbrief und Ansprechpartner.
Jahresarbeiten: Kooperation mit ZDH.
Weiterentwicklung eines Netzwerkes zur gezielten Unterstützung.

3) Weiterentwicklung der bestehenden berufsbildenden Waldorfschulen
Hier haben insbesondere die Hiberniaschule, die Freie Waldorfschule Kassel und die Rudolf-Steiner-Schule Nürnberg einen gemeinsamen Austausch und eine Weiterentwicklung moderner Ansätze zur beruflichen Handlungsfähigkeit vereinbart, die durch das Projekt unterstützt werden soll, u.a:
Zukunftsaufgabe „Digitalisierung: gemeinsame Entwicklung von Konzepten (Schwerpunkt Automatisierung).
Vorbereitung von Fachtagungen auf der politischen Ebene zum Bildungswert „praktische Arbeit.
Vorbereitung eines gemeinsamen Projekts zu Übertragbarkeit und Transfer waldorfpädagogischer Ansätze ins öffentliche Bildungssystem.
Rahmenbedingungen und Finanzierungsfragen: z. B. mit der konkreten Unterfrage: wie können Schulen an Mittel des BIBB/Bundes zur Einrichtung/Modernisierung von Lehrwerkstätten kommen?

(Weitere Themen sollen je nach Situation und Möglichkeiten beteiligter Schulen und Einrichtungen auf künftigen Entwicklungswerkstätten nicht ausgeschlossen werden, z. B.:
– Integration und berufliche Qualifizierung,
– Praktisches Lernen im Kontext von Inklusion).

Bisherige Schritte und Planungen

Öffentlicher Bildungskongress vom 18.-20.01.2018 in der Hiberniaschule in Herne.
Dokumentation des Bildungskongresses einschließlich der Initiativen, die daraus entstanden sind; erscheint Anfang 2019.
Waldorf-Berufskolleg. Pädagogisches Konzept und Grundlagen. Broschüre 2018
Ausbau des Netzwerkes, z. B. Kooperation mit der GAB München

Entwicklungswerkstatt I am 16.06.2018 in Kassel,
Entwicklungswerkstatt II am 17.11.2018 in Kassel,
Entwicklungswerkstatt III am 06.04.2019 zum Thema „Vom Lehrmeister zum Lernbegleiter“ (Arbeitstitel) in der Freien Waldorfschule Kassel,
Entwicklungswerkstatt IV am 18.05.2019 zum Thema „Berufliche Bildung – Markt der Möglichkeiten“ (Arbeitstitel) in der Hiberniaschule in Herne,
Weitere Entwicklungswerkstätten Ende 2019 bis 2021.

Öffentliche Fachtagung „Die pädagogische Bedeutung und der Bildungswert ‚praktisches Lernen‘ “ (Arbeitstitel); Anfang 2020,
Öffentliche Fachtagung, zusammen mit dem Projekt Abschlussportfolio der Waldorfschulen „Portfolio und Kompetenzfeststellung“ (Arbeitstitel, geplant im Schuljahr 2019/20).
Öffentliche Fachtagung,
„Zukunftsaufgabe Digitalisierung und Arbeitswelt – Ansätze der Waldorfpädagogik“ (Arbeitstitel),
Öffentliches Forum, zusammen mit dem Arbeitskreis Inklusion im Rahmen des Projektes „*Verbreiterung inklusiver Praxis*“, geplant im Schuljahr 2019/20,
„Was kommt nach der Schule? Inklusion und Berufsvorbereitung bzw. -bildung in der Schule“ (Arbeitstitel).

Publikationen und Präsentationen auf Tagungen z. B. Didacta,
Studie „Fürs Leben gelernt“: Wissenschaftlich evaluierte Bildungslebensläufe ehemaliger Absolventen, erscheint Anfang 2020.
Aufbau eines Informationssystems.

Anhang III
Ein idealtypisches Bild einer neuen Allgemeinbildung

Eine moderne Waldorfschule, die in Unter-, Mittel- und Oberstufe allgemeinbildenden praktisch-beruflichen Bildungsprozesse zu einer neuen Allgemeinbildung integriert, könnte idealtypisch so organisiert sein:

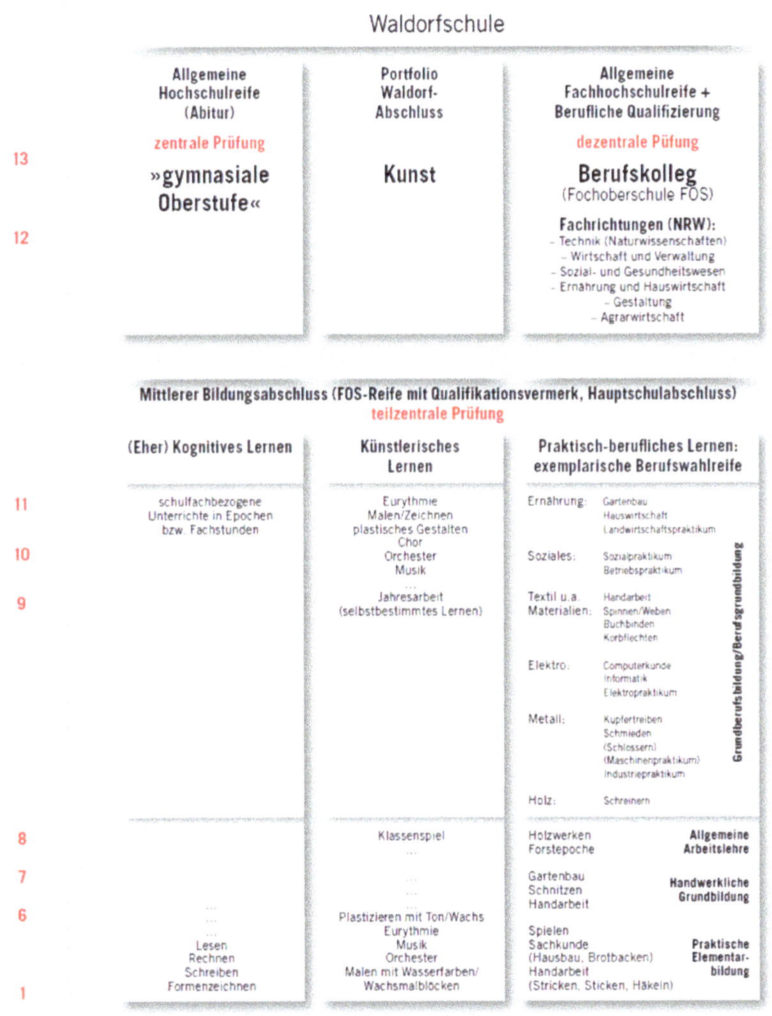

Abb. 10: Idealtypische Schule

Abbildungsverzeichnis

Kulturwissenschaftliche Beiträge der Alanus Hochschule für Kunst und Gesellschaft

Herausgegeben von der Alanus Hochschule für Kunst und Gesellschaft, Marcelo da Veiga

Band 1 Horst Philipp Bauer / Peter Schneider (Hrsg.): Waldorfpädagogik. Perspektiven eines wissenschaftlichen Dialoges. 2006.

Band 2 Dirk Randoll / Heiner Barz (Hrsg.): Bildung und Lebensgestaltung ehemaliger Schüler von Rudolf Steiner Schulen in der Schweiz. Eine Absolventenbefragung. 2007.

Band 3 Jost Schieren (Hrsg.): Rationalität und Intuition in philosophischer und pädagogischer Perspektive. 2008.

Band 4 Claudia Mahs: Glückliches Alter(n). 2009.

Band 5 Annette Weißkircher / Albrecht Warning (Hrsg.): Forschungswege in der Eurythmietherapie. Berichte vom internationalen Forschungssymposium 28.-30. November 2008. 2010.

Band 6 Michael Brater / Dieter Haselbach / Antonia Stefer: Kompetenzen sichtbar machen. Zum Einsatz von Kompetenzportfolios in Waldorfschulen. 2010.

Band 7 Ulrika Eller-Rüter / Friedemann Geisler / Michael Brater / Christiane Hemmer-Schanze: Was kann Kunst? Der erweiterte Kunstbegriff im pädagogischen und soziokulturellen Kontext. Künstlerische Projekte mit benachteiligten Kindern und Jugendlichen. 2012.

Band 8 Markus Michael Zech: Der Geschichtsunterricht an Waldorfschulen. Genese und Umsetzung des Konzepts vor dem Hintergrund des aktuellen geschichtsdidaktischen Diskurses. 2012.

Band 9 Peter Schneider / Inga Enderle (Hrsg.): Das Waldorf-Berufskolleg. Entwicklung und Ergebnisse einer neuen Oberstufengestaltung der Waldorfschule. 2012.

Band 10 Michael Harslem / Dirk Randoll (Hrsg.): Selbstverantwortliches Lernen an Freien Waldorfschulen. Ergebnisse eines Praxisforschungsprojektes. 2013.

Band 11 Béatrice Cron / Karen Betty Tobias: Faszination Komposition. Grundelemente der Komposition im bildnerischen Bereich. Ein Werkbuch. 2014.

Band 12 Ernst-Christian Demisch / Christa Greshake-Ebding / Johannes Kiersch / Martin Schlüter / Gerhard Stocker (Hrsg.): Steiner neu lesen. Perspektiven für den Umgang mit Grundlagentexten der Waldorfpädagogik. 2014.

Band 13 Angelika Wiehl: Propädeutik der Unterrichtsmethoden in der Waldorfpädagogik. 2015.

Band 14 Richard Landl / Jürgen Peters / Alexander Röhler: Qualitätsentwicklung an Waldorfschulen. Entwicklung und Evaluation eines zertifizierten Verfahrens. 2016.

Band 15 Klaus-Peter Freitag / Wilfried Gabriel / Jürgen Peters (Hrsg.): Fürs Leben gelernt – Die berufsbildende Waldorfschule. 2020.

www.peterlang.com

www.ingramcontent.com/pod-product-compliance
Lightning Source LLC
Chambersburg PA
CBHW070343100426
42812CB00005B/1408

* 9 7 8 3 6 3 1 8 2 9 1 0 3 *